Antonio Pellegrino

SAGGI BREVI
più
AFORISMI

Lulu

Lulu Editrice
luglio 2017

PREMESSA DELL'AUTORE

La mia spontanea inclinazione per la narrativa e per la poesia, da sempre le ninfe tutelari, le amiche loquaci e dialoganti, che mi hanno tenuto compagnia nei momenti di libertà dal tempo delle responsabilità quotidiane, non mi ha mai impedito di coltivare, contemporaneamente, la mia preminente passione per gli studi sociali.

Dopotutto, rientra nelle prerogative professionali di un docente la necessità di non essere mai lontano dalle scienze umane, quelle che, ancor più delle scienze fisiche, sono in grado di penetrare l'anima dell'uomo e smontarla nei mille misteriosi frammenti di cui la stessa si compone.

È stato sempre un mio habitus quello di osservarmi e di osservare; quello di vivisezionare perfino le pietre e scoprirne l'alito della vita, svelarne l'anima recondita; quello di saziare la mia fame di conoscenza, la mia infinita curiosità verso ogni fenomeno, micro o macro, presente nell'universo.

Del resto, non ho mai visto insormontabili distanze, non ho mai visto orridi abissi, o muri ostruenti, posti tra la poesia e la narrativa, tra la filosofia, la psicologia e la politica: esse sono le sovrane dello spirito

5

dell'uomo e del mondo, della mente dell'individuo e della società; esse sono il racconto della vita, il presidio della libertà, l'avamposto della conoscenza, la frontiera dell'infinito, l'orizzonte dal quale appare, vivida di argentei riflessi, l'alba dell'eternità.

Tali scienze hanno grande affinità con la bellezza, ne sono sorelle gemelle, sono esse il cuore dell'invisibile, del sublime posto oltre ogni possibile immaginazione, esse sono la finezza assoluta presente all'interno di ogni esistente: la poesia è rivelatrice della parola, come la filosofia lo è del pensiero; la psicologia è rivelatrice dei meccanismi occulti che azionano la mente dell'individuo, come la politica lo è di quella "mente collettiva" che è presente nel corpo, altrimenti ibrido, della società.

Nel loro estremo sodalizio, le scienze umane sono il motore che governa ogni singolo movimento dell'universo, privo delle stesse l'universo stesso apparirebbe statico, vedovo del pensiero, privo della parola, tristemente orbo della coscienza di sé.

Antonio Pellegrino

POLIS E CITTA'

Premessa

In un tempo, come quello attuale, in cui tutto è in crisi, la città come l'economia, la politica come i valori fondativi della vita civile, la famiglia stessa che sembra sempre di più disarticolarsi nei suoi ruoli e nelle sue funzioni, spontaneo mi sorge il bisogno di ritornare alle origini storiche dell'organizzazione della vita sociale e, con essa, della democrazia, della possibilità cioè di affidare al popolo stesso la responsabilità di se stesso. L'intendimento è di indurre di nuovo alla riflessione su quello che è stato e su quello che è, su quanto sia possibile ancora il recupero dell'autenticità di un tempo e il ripristino di alcuni valori perduti, ritenuti, a ben rifletterci, irrinunciabili.

La parola greca Polis fa nascere dal suo interno il termine politica , mentre città deriva dal latino civitas dalla cui radice viene fuori anche civiltà. Quindi i concetti di politica, città e civiltà sono strettamente legati tra loro e reciprocamente si completano: città = organizzazione = convivenza civile = politica = scienza dell'organizzazione civile.

Già Aristotele, nel IV secolo, definiva la città come un evento naturale e le sue origini più lontane erano la famiglia (unione uomo, donna, figli, servi) e il villaggio (aggregazione di varie famiglie). Sempre Aristotele affermava che chi non è adatto a partecipare alla città, o non ne sente il bisogno, non può definirsi un uomo.

La città, in quanto tale, prevede al suo interno una organizzazione complessa, che mira, nell'insieme, al raggiungimento dell'equilibrio sociale e della convivenza civile[1]. Se guardiamo all'oggi, al mondo nel quale viviamo, se guardiamo alle piccole o alle grandi città, di cui siamo parte, ci accorgiamo che le fondamentali categorie, intorno a cui queste ruotano, non sono cambiate se non nei loro specifici contenuti. Esiste, quindi, una continuità inevitabile di sviluppo che dalla Polis conduce prima alla città medievale, nelle sue diverse epoche e risvolti, poi a quella attuale. Motivo costante della formazione delle città è, infatti, la tendenza dell'uomo a vivere in gruppi organizzati sempre più numerosi e complessi dove egli possa trovare giovamento alla propria vita economica tramite l'ausilio delle strutture industriali, commerciali, professionali, sociali in genere. Sono queste le spinte fondamentali che inducono all'abbandono delle campagne, della montagna, dei piccoli villaggi.

Oggi, nell'epoca, ricca e complessa, in cui noi viviamo, è diventato, quanto mai, urgente risolvere il problema dell'urbanesimo, che sembra vivere delle controtendenze rispetto alle sue più lontane origini: le città sono diventate sovraffollate, congestionate dal traffico e dall'inquinamento, soffocate fino all'inverosimile dai rifiuti, diventati ingestibili, au-

---

[1] Territorio, risorse, urbanistica, popolazione, economia, leggi, ecc.

mentano i costi delle case e dei terreni, crescono le speculazioni, la corruzione e le collusioni a ogni livello.

Proviamo, ora, a riflettere queste tematiche dell'oggi nello specchio del passato più antico e più recente, per evidenziare le eventuali linee di continuità e di frattura relativamente all'organizzazione politica, economica, culturale e sociale della Polis.

La polis antica

Dopo la grave crisi socio-culturale, politica ed economica della città, dovuta alla caduta della civiltà micenea[2], l'urbanesimo trova un suo nuovo periodo di fioritura nella Ionia, grande centro di scambi commerciali e culturali. Qui va sorgendo la Polis nel periodo compreso fra l'VI e il VI secolo a.C.

La scoperta e l'uso del linguaggio alfabetico e la conseguente espansione della divulgazione culturale e filosofica sono, forse, alla base della nascita della Polis e dei politici, come i suoi abitanti vengono definiti. Essa sorge dentro una imponente cinta muraria, che, mentre definisce lo spazio urbano, lo separa nettamente, sia sul piano fisico che concettuale e culturale, dalla campagna, intesa come natura. L'Acropoli, che è la parte alta della Polis, rappresenta la sede sia dell'istituzione religiosa che di quelle politica e militare. L'Agorà è la Piazza, è il luogo degli scambi commerciali e culturali, è il luogo

---

[2] Sec. XI a.C.

dell'Assemblea dei cittadini. All'origine della Polis, l'aristocrazia, discendenza delle antiche famiglie micenee, detiene il potere sia politico che economico e tende alla conservazione delle tradizioni. Il demos, cioè il popolo, formato da proprietari terrieri, artigiani, commercianti e marinai, rappresenta la classe produttrice, ma anche dinamica e progressista. Esclusi dai diritti politici fondamentali sono gli stranieri, gli schiavi e le donne. Le continue tensioni, alimentate dai reciproci interessi, tra l'aristocrazia e il demos dà luogo, nel tempo, a evoluzioni politiche nelle singole Polis o verso la monarchia o verso la democrazia e addirittura verso gli Stati degenerativi di queste e cioè l'oligarchia, la tirannide, la demagogia. Insomma, la Grecia diventa un vero e proprio laboratorio di politica dell'antichità. A mano a mano che viene prendendo corpo il concetto di legge, tesa quest'ultima al regolamento artificiale della convivenza tra i cittadini, la Polis opera il suo distanziamento, la sua frattura organica, rispetto alla campagna, intesa come spazio naturale dove le norme sono stabilite dalla natura stessa e non dagli uomini[3]. Questo dualismo, anche culturale, tra città e campagna, tra ciò che è artificiale e ciò che è naturale, porterà alla rottura rispetto alla religiosità tradizionale, caratterizzata, in maniera prevalente, dal mito. Nasce da qui, intorno al I secolo a. C., soprattutto nella città di Mileto, crocevia di mille interessi commerciali e di scambi culturali tra l'oriente e l'occidente, la riflessione sulla natura, grazie a quelli che noi possiamo

---

[3] Concezione mitopoietica.

considerare i padri del pensiero filosofico: Talete, Anassimandro e Anassimene, che pongono, rispettivamente, nell'acqua, nell'apeiron, nell'aria, il principio di tutte le cose. I loro successori, all'interno della complessità del loro pensiero, trovavano il modo di animare anche il dibattito sulla politica e, quindi, sul senso della legge e dello Stato: i sofisti elaborano il concetto di partecipazione e di democrazia diretta; Socrate elabora il concetto di virtù e fa pensare a uno Stato etico; Platone costruisce la sua teoria dello Stato ideale o Stato ottimo, che affida alla responsabilità dei filosofi; Aristotele, per parte sua, vede nella Costituzione[4] l'atto concreto che può dare risposta ai bisogni reali degli uomini e dei popoli. Nulla togliendo alle altre Polis greche, momenti di massimo splendore finiscono per raggiungere Atene, dopo le guerre persiane[5], e Sparta durante e dopo la guerra del Peloponneso, quando riesce, finalmente, a stabilire la sua egemonia su Atene. Le due grandi Polis riflettono emblematicamente nella loro rivalità militare le loro diverse impostazioni politiche culturali e sociali: Atene democratica; Sparta autoritaria e fondata sul potere dell'aristocrazia guerriera, produttrice di una forma di governo definito oligarchia. Con l'affermarsi, poi, delle grandi monarchie ellenistiche, la Città-Stato declina e perde l'importanza politica, essendo venuti a mancare quelli che erano stati i suoi punti di fondazione: l'autonomia, intesa come libertà da altri Stati; l'autarchia, cioè l'autosufficienza eco-

---

[4] Procedimento induttivo.
[5] Lega di Delo, Età di Pericle.

11

nomica; il nomos, cioè l'elemento fondamentale di coesione civile e culturale.

La città medievale

A partire dal secolo XI d.C., dopo la frammentazione territoriale dovuta ai feudi, dopo la stabilizzazione degli ultimi popoli migratori[6], concomitantemente a una intensa ripresa della produttività agricola e all'estendersi dei commerci esterni, anche grazie alle città marinare, si va realizzando una forte esplosione demografica, che finirà per il dare luogo alla nascita o all'espansione dei centri urbani e delle relative attività industriali, nella fattispecie di botteghe artigianali. La città medievale, come la Polis greca, è dotata di mura imponenti, è, quasi sempre, di piccole dimensioni, non superiore ai diecimila abitanti, si regge sull'autonomia politica, rappresentata dall'autorità pubblica e dalle tasse, cioè da forme di autofinanziamento: tutto è funzionale al nuovo ordine economico, ai nuovi interessi pubblici e privati, insomma si punta sull'efficienza delle opere pubbliche, sui servizi sociali e sulla difesa militare.

La città medievale ha una forma radiale[7], gli spazi sono divisi nel rispetto dei diritti individuali sia di carattere fisico che giuridico, convivono, pertanto, in perfetto equilibrio tra di loro la cattedrale e il palazzo vescovile, il palazzo comunale, le sedi delle corpora-

---

[6] Vichinghi, Ungari, ecc.
[7] Al contrario della città romana che era quadrata.

zioni e delle confraternite, i conventi e le strade, che rappresentano i punti di svincolo e di raccordo tra i diversi contesti urbanistici previsti dal piano regolatore.

Nasce proprio in questo ambito una nuova classe sociale, la borghesia, legata soprattutto alla ricchezza prodotta dall'industria manifatturiera. Essa è la base di forti incrementi commerciali, che danno luogo alla nascita di corporazioni nel campo delle arti e di Confraternite nel campo del commercio. Queste ultime, tramite statuti propri, tendono a proteggere gli interessi di categoria, regolamentando orari di lavoro, orari di riposo, salario, prezzi, qualità e quantità delle merci. Le botteghe stesse, luogo della produzione manifatturiera, nascono sulla base di rapporti giuridici interni molto precisi e intesi all'efficienza: il maestro[8], il collaboratore, gli apprendisti, gli operai salariati. L'intensa produttività dà luogo all'espandersi dei commerci, alla organizzazione di fiere, all'uso della moneta, come valore di scambio, alle banche, che, tramite sistemi di finanziamento, danno un ulteriore incoraggiamento all'impresa e al commercio. Gli scambi commerciali, in effetti, si fanno intensissimi anche tra campagna e città, al punto che sono molti a ritenere che è la campagna a creare la città e non viceversa, e che quest'ultima stia a rappresentare[9] lo strumento della produttività e della concretez-

---

[8] In genere il proprietario stesso.
[9] Al contrario della prima che è, di per se stessa, l'elemento simbolico dell'origine del tutto.

za[10]. I mercanti rappresentano certamente l'elemento più vivace, dinamico e funzionale della città. Si è molto discusso sulla loro classe sociale di provenienza, ma l'opinione più certa è che questa casta sia provenuta, nel tempo, da pellegrini, avventurieri, giramondo, gente abituata al sacrificio, ad affrontare i duri problemi della vita, a realizzare imprese altamente rischiose, come anche l'attività commerciale richiede. Nel tempo, e secondo le nuove esigenze, le città vengono assumendo un ruolo di centri specializzati in particolari attività e si collegano commercialmente ad altre città periferiche, quasi come in una struttura di funzionalità polivalenti[11].

Sul piano prettamente politico vanno nascendo i governi autonomi, detti Comuni, che rivendicano le libertà necessarie rispetto ai vecchi e logori poteri e vincoli feudali ed ecclesiastici, nonché l'esigenza di eleggere i propri governanti, di amministrare la giustizia, di battere moneta, di riscuotere tributi, di armare un proprio esercito. Emergono così figure politiche come i consoli, i podestà, e parole come consiglio, governo, ecc.

Questa intensa attività di cambiamenti radicali, dovuti, per la maggior parte, alla forte intensità degli scambi, riguarda l'intero territorio europeo e incrementa le attività culturali, i dibattiti filosofici e teologici, sorgono, quindi, le prime università, che diventano veri e propri cenacoli della cultura. Nel

---

[10] Vedi in **Simmel**.
[11] Vedi in A. **Turrain**.

campo filosofico vengono ripresi, ridiscussi e riadattati alle nuove esigenze, i concetti basilari del pensiero platonico e aristotelico, che diventano il fondamento su cui si viene ad articolare l'intenso dibattito sul rapporto tra filosofia e fede, e sulle rispettive potenzialità conoscitive.

Conclusione

Il tempo non nasconde mai se stesso, ciò che, di volta in volta, crea, di volta in volta ritorna in forme mutate: nella organizzazione politica, economica e sociale, oltre che culturale, si rivedono tracce dell'antica polis greca, ma anche elementi di concretezza e di saggezza politica dell'antica civiltà romana, riadattata quest'ultima dalla macro visione imperiale alla micro, ma pregevole, visione di elementi singolari quali i liberi comuni. L'età di mezzo, quella feudale, caratterizzata dalla crisi delle città e dall'anarchia dei poteri era finita anche se la sua testimonianza sarebbe per sempre rimasta scritta nella storia con tutti i suoi lati oscuri ma anche con tutte le sue pregevolezze.

LA FILOSOFIA DELLA NATURA

dai presocratici a Kant

Da che l'uomo esiste, si è sempre posto il problema della conoscenza della natura, sua madre o matrigna, affidando alla stessa un ruolo, che si è, di volta in volta, andato modificando nel tempo, secondo le diverse epoche, i diversi luoghi, le diverse culture, le diverse religioni, i diversi popoli. La domanda che rimane tuttora sospesa è:

«Quale potrebbe essere il criterio migliore di confronto dell'uomo con la natura per addivenire alla visione dell'essere e dell'essenza insite nel creato?».

Il grande tema, lungi dall'essersi stemperato nel tempo e lungi dall'essere stato risolto, nelle continue dispute tra studiosi di ogni disciplina, soprattutto quelle orientate agli studi fisici e spirituali, è quanto mai presente oggi, in un'epoca fortemente caratterizzata dal crescere prepotente della tecnologia informatica e dallo spirito scientistico, che, mentre prende il dominio sulla natura e la modifica, oltre limiti inimmaginabili prima, sembra offrire all'uomo prospettive del tutto nuove, capaci di inoltrarsi oltre il senso comune delle cose, fino a ipotizzare la improvvisa realizzazione del desiderio di sempre di potere oltrepassare i confini del conoscibile, classicamente inteso, di potere sfondare le barriere più lontane dell'universo, di ritradurre in altro i concetti di spazio e di tempo, specie dopo la scoperta della teoria della relatività di quel grande genio della fisica che è stato A. Einstein. E, mentre l'uomo dibatte ancora intorno al grande tema, dei suoi stessi limiti e dei limiti della materia, la scuola continua nel suo ancestrale ritardo nell'affrontare nei dovuti modi, nei dovuti spazi e nei dovuti tempi, la sempre più complessa problematica, per potere offrire un ausilio meno fatiscente, più decisivo alle menti, agli spiriti e agli orientamenti delle nuove generazioni, attraverso l'osservazione sistematica, l'analisi, il confronto e la verifica, che sono le basi fondanti per raggiungere conoscenze meno labili, meno ipotetiche, meglio caratterizzate da certezze. A ben vedere, oggi, l'epistemologia appare sempre più orientata a dare credibilità alle teorie della relatività, applicate, ormai, a ogni direzione della ricerca della conoscenza, e si veda, in proposito gli studi sulla psiche a partire da Freud.

Ma proviamo un po' a percorrere, sia pure per grandi salti[12], il lungo cammino di conoscenza compiuto dall'umanità dai primordi del pensiero filosofico fino a Kant relativamente allo smisurato tema, al fine di arrivare a comprendere meglio gli sviluppi della conoscenza in un mondo, come quello contemporaneo, che appare, a tratti, provare smarrimento di fronte a

---

[12] Essendo questo un saggio breve.

una natura sempre più violata e per questo diventata sempre più minacciosa e ribelle.

A partire dai presocratici, la natura è stata considerata sempre lo spunto di partenza per addivenire alla visione dei concetti e all'espansione delle loro relazioni ai fini della conoscenza della natura stessa, prima ispiratrice dell'uomo e di tutto quanto presiede alla natura e all'uomo stesso. Ma i primi fondamenti di un pensiero logico-scientifico, in proposito, cominciano a essere posti a partire dai primi vagiti dell'età moderna, mentre comincia a scomparire verso l'orizzonte il cosiddetto periodo oscurantistico rappresentato dal medioevo e dal pensiero neo platonico. Alle origini della filosofia, a dominare sul pensiero e a fare da indirizzo verso tutte le forme e le direzioni della conoscenza è il mito, nel mito sono sintetizzate, in una assoluta armonia, natura e divinità: le culture primitive, quelle agro-pastorali e quelle dei misteri orfico-dionisiaci trovano sede nella comune concezione della divinità la cui residenza è il monte Olimpo, da cui la definizione, giunta fino a noi, di religiosità olimpica. In tale concezione natura e divinità risultano indistinte, tanto queste ultime prendono forma e aspetto dall'uomo, e alla vita dell'uomo partecipano quasi condividendone gioie e dolori, passioni e sentimenti, come d'altra parte traspare dalle pagine di storia che ci sono giunte relative alle civiltà degli Assiro-Babilonesi, degli Egizi e dei Greci.

Ed è proprio in Grecia[13] che la sintesi dialettica natura e pensiero, natura e religione, natura e organizzazione urbanistica e sociale, trova la sua più completa espressione. Nei presocratici della celebre scuola di Mileto, nella Ionia, intorno al sec. VI a.c., Talete, Anassimandro e Anassimene discutono intorno ai perché dell'acqua, dell'apeiron e dell'aria, pervenendo, dopo profonde osservazioni e meditazioni, alle rispettive concezioni dell'ilozoismo panteistico, vale a dire acqua-umidità intesi come principio vivente[14]; della Terra come forma cilindrica fondata sulla proporzione elementare dei diversi e sulla legge naturale dell'equilibrio[15]; della Terra come tavola rotonda sostenuta dall'aria, per una legge naturale dell'origine del tutto dai principi di condensazione e di rarefazione[16]. Successivamente, Empedocle, un membro della Scuola Eleatica, intorno al V secolo a.C., identifica nella terra, nell'acqua, nell'aria e nel fuoco, il principio di amore-odio, di aggregazione e di disgregazione, base, secondo la sua concezione, del divenire di tutte le cose. Anassagora, nel contempo, parla di un intelletto, un principio quasi divino, regolante la forza naturale attraverso le omeomerie, elementi infiniti e immutabili, presenti in ogni cosa, intelletto, insito nelle cose.

---

[13] Dove il pensiero filosofico, propriamente detto, trova la sua prima articolata esplosione.
[14] Vedi **Talete**.
[15] Vedi **Anassimandro**.
[16] Vedi **Anassimene**.

Qualche tempo dopo, Socrate ribalta il problema della natura dalla natura cosmica a quella umana e apre il problema filosofico della natura in quanto umana essa stessa, problema che sarà ripreso e sviluppato in Platone prima e in Aristotele dopo. La disposizione interiore, dunque, è l'essenza della natura umana[17] verso il bene[18]. Il compito del filosofo è sapere cosa è il bene. "So di non sapere", La proposizione di partenza del "So di non sapere", che il grande filosofo chiamerà "ironia maieutica", traduce il "Conosci te stesso" iscritto sulle antiche acropoli. Il bene se universale e necessario, corrisponde così alla suprema legge della città. Il che comporta che il bene o è comune o non è il bene, ma, attraverso la conoscenza di se stessi[19], si può accedere alla conoscenza del bene[20].

Platone, per parte sua, introduce in una sua celebre opera, il Timeo, un concetto di natura con proiezioni finalistiche, nel senso che essa non è governata da leggi meccanicamente cieche, ma contiene un principio che la orienta, potremmo dire che le fa da guida verso il Mondo delle idee pure, e tale principio trova la sua identificazione in un Demiurgo o Anima del mondo. Ma nella natura vi è pure un principio oscuro e amorfo, causa di imperfezione, di disordine e di male, principio identificabile nella materia. Quest'ultima fa da forza di resistenza all'azione del

---

[17] Daimon.
[18] Eudaimonia.
[19] Dimensione individuale.
[20] Dimensione universale.

Demiurgo fino a produrre una copia o una imitazione delle idee pure, creando così una molteplicità di cose rispetto all'unico modello ideale ed eterno. Secondo tale sua dualistica concezione, egli finisce per identificare la materia nel Non-essere, nell'indeterminato, nel caos, nella selva oscura[21].

Si giunge così ad Aristotele, il quale si contrappone, con assoluta decisione, al meccanicismo atomistico democriteo[22]. Egli afferma che l'evoluzione di un essere vivente non può essere il risultato di semplici combinazioni occasionali di atomi: leggi proprie, invece, operano dall'interno, e ne connotano la "sostanza", in maniera diversa dai meccanismi semplici di causa-effetto che agiscono dall'esterno, la cui funzione è legata all'accidentalità". Per Aristotele ogni organismo si presenta in forma unitaria, come entelechia, cioè come entità capace di contenere il criterio che le consente l'evoluzione. Quattro sono le cause responsabili dei mutamenti della natura: *la causa formale*, che consiste nelle qualità specifiche dell'oggetto stesso, nella sua essenza; la *causa materiale* secondo la quale la materia è il sostrato senza cui l'oggetto non esisterebbe; la *causa efficiente*, che è l'agente che determina operativamente il mutamento; la *causa finale*, considerata fondamentale, poiché in essa risiede un'intenzionalità insita nella natura, il motivo basilare per cui una certa realtà esiste. All'origine, anche della cosmologia aristotelica, è posto il tentativo di pervenire a spiegazioni qualitative della

---

[21] Di dantesca memoria.
[22] Come, per parte sua, aveva già fatto il suo maestro Platone.

natura, capaci di tenere conto dell'essenza, oltre che del dato quantitativo. Tale tentativo recupera in parte Empedocle e la sua teoria dei quattro elementi: terra, aria, fuoco e acqua. Secondo Aristotele, dunque, le varie composizioni degli elementi costituiscono tutto ciò che si trova nel mondo. Ogni elemento possiede due delle quattro qualità[23] della materia: il *secco*[24]; l'*umido*[25]; il *freddo*[26]; il *caldo*[27]. Egli, in polemica con i filosofi atomisti, quali Democrito, si contrappone senza rimedio alla concezione dell'esistenza del vuoto onde consentire ai quattro elementi di potersi muovere, tendendo ciascuno verso il suo "luogo naturale", in accordo con la sua concezione finalistica dell'esistenza.

La concezione della natura e la particolare visione cosmologica aristoteliche condizioneranno parecchio l'intero sistema del pensiero fino alle soglie dell'età moderna, trovando suoi fautori tra i neo-aristotelici e tra questi Telesio, Bruno e Campanella. Costoro, infatti, affermano che la natura è la stessa cosa che Dio, o quasi. In essi – se si tiene conto di alcune sfumature di diversità – la natura è tutta la realtà possibile, essa è la norma di tutto, tutto da essa parte e tutto ad essa ritorna, essa è la regolatrice di ogni processo. Vediamone ora il pensiero in fasi successive.

---

[23] O «attributi».
[24] Terra e fuoco.
[25] Aria e acqua.
[26] Acqua e terra.
[27] Fuoco e aria.

Telesio considera la natura come un mondo a sé, un mondo autonomo, un mondo che si regge solo sui suoi stessi principi e solo in base a tali principi può essere spiegato, ogni forza metafisica, in tale compito di svelamento, è completamente estranea a quei principi. L'uomo, dunque, in quanto essere sensibile, è esso stesso natura e per conoscere quest'ultima può affidarsi solo ai suoi stessi sensi.

In **Giordano Bruno** l'uomo viene restituito a se stesso e reso padrone della propria sorte. Divenuto egli centro consapevole del proprio mondo, riconosce la grandezza e il significato della natura, dell'universo fisico che lo circonda, ne comprende l'immensità, le forze inesauribili, le forme infinite, l'estensione senza barriere. Frantuma l'immagine di un mondo simile a una grande casa, chiusa da sfere cristalline e immutabili. Liberato da una falsa concezione del divino, proprio nel punto in cui conquista l'autonomia del morale, l'uomo ha il coraggio di liberarsi da una visione primitiva del mondo. Egli sa di non essere il centro fisico dell'universo, ma è consapevole della potenza della propria ragione e delle proprie risorse. Recuperando, tra l'altro, la centralità dell'uomo rispetto al mondo morale, nega la visione antropomorfica nello stesso momento che nega la visione geocentrica dell'universo esistente. Scaturisce dall'insieme una concezione del mondo fisico e di quello morale che rappresenta una inversione di tendenza rispetto alle precedenti concezioni e pone le fondamenta delle caratteristiche del mondo moderno e, in un certo senso, di quello contemporaneo. Egli, in effetti, libera l'uomo in due modi diversi ma contigui, lo libera prima dalla superstizione e, di conseguenza, dalla mortale schiavitù delle mille forme della dipendenza e della servitù: servitù culturale, servitù politica, servitù religiosa e altre formule correlate della servitù stessa. Libera l'uomo dalla natura stessa, liberandolo dalla falsa concezione che la stessa non possa essere dominata e modificata, recuperando, nel contempo, il concetto di scienza, intesa come strumento al servizio dell'uomo per potersi aprire le vie verso una diversa visione della conoscenza, capace di rivelare alla mente dell'uomo l'idea della possibilità dell'esistenza di mondi infiniti, di spazi sconfinati dentro al sistema universale.

Tommaso Campanella, per parte sua, segue la scia del pensiero del naturalismo di Telese, ipotizzando, tuttavia, ulteriori piste di riflessione e di sviluppo. Egli sostiene, in accordo con Telese, che la natura vada indagata e conosciuta nei suoi principi fondativi. Poi egli ne indica, in particolare, tre: il caldo, il freddo e la materia. Poiché ogni essere è di per sé formato da questi tre elementi, se ne deduce che gli esseri della natura sono tutti forniti di sensibilità, essendo la struttura della natura comune a tutti gli enti. Già Telesio riteneva che anche i sassi possono conoscere, ma Campanella si spinge molto oltre, ipotizzando come cosa certa che anche i sassi conoscono, perché nei sassi sono riscontrabili i tre principi, vale adire il caldo, il freddo e la massa corporea, cioè la materia di cui essi stessi sono costituiti. Il sistema della conoscenza in Campanella, dunque, risulta fondato su criteri gnoseologici di tipo sensistico. La razionalità stessa è conseguenza della sensazione, il che significa che una conoscenza razionale intellettiva non può che scaturire da quella sensitiva. Egli, pertanto, in contrapposizione a Telesio, al fine di riconoscere all'uomo il valore che gli compete nella natura, introduce, tramite il suo pensiero, l'esistenza di due modi del conoscere: il primo è innato, e si manifesta attraverso l'autocoscienza interiore; il secondo, invece, si manifesta attraverso il vedere esteriore, che si avvale della capacità conoscitiva dei sensi. Il primo dei due modi viene definito 'sensus additus', che è la conoscenza di sé; il secondo 'sensus abitus', che è la conoscenza del mondo esterno. La conoscenza del mondo esterno appartiene a tutti, anche agli animali; la conoscenza di sé, invece, appartiene solo all'uomo, ed è la capacità suppletiva o aggiuntiva che l'uomo ha di avere la coscienza di essere un "essere pensante".

Galileo Galilei rappresenta un punto di rottura e di avanzamento rispetto ad Aristotele e alla sua visione cosmologica di tutto quanto è. Egli si proietta, quindi, oltre i neo aristotelici, dando vita a una tenacissima battaglia contro il principio di autorità, rivendicando alle "sensate esperienze" il valore di verità incontestabili, in quanto dimostrabili e verificabili. Proprio sulla scorta delle certe dimostrazioni egli evidenzia, affermandola e confermandola, la teoria copernicana dell'eliocentrismo[28], e il tutto avviene in

---

[28] rispetto alla immaginazione geocentrica tolemaica.

aperto scontro con la visione biblico-teologica dell'universo[29]. Ma Galilei rivendica con fermezza, sostenuta dai fatti e dalle dimostrazioni, l'autonomia dalla Chiesa e dalle Scritture della ricerca scientifica. Egli afferma, in proposito, che la Bibbia non è certamente un testo scientifico, esso è ispirato da Dio per ben altri motivi. Il suo compito, dunque, è quello di ispirare agli uomini quelle verità non raggiungibili né dai sensi né dalle verifiche e dalle dimostrazioni matematiche. Proprio per le diverse finalità che esse hanno, la scienza e la Bibbia devono essere libere nelle rispettive ricerche all'interno dei loro diversi campi ed esperienze. Ciò implica che la scienza debba avere il diritto garantito di potere avere un proprio metodo, fondato sul ricorso all'esperienza, non intesa quest'ultima come un "ovvio naturale vedere le cose". Tale metodo, lontano dagli antichi modi del semplice ricorso ad atti di pura intuizione, si serve di un ricorso ai calcoli e alle misure, alle verifiche e agli esperimenti tipici delle scienze matematiche e di quelle ad essa direttamente connesse, scienze capaci di garantire la certezza del risultato. La matematica, in effetti, è già contenuta nella natura stessa, che appare scritta, a sua volta, in caratteri tali da riprodurre triangoli, cerchi e altre figure geometriche. Il linguaggio matematico, dunque, è "diretta rivelazione della natura" che ne fa dono all'umanità. Nel pensiero filosofico galileiano è negata all'uomo la possibilità di conoscere le essenze o le forme sostanziali

---

[29] E' noto che lo scontro tra la Chiesa Romana e Galileo si fondò, da parte della Chiesa, sull'episodio biblico secondo il quale Giosuè avrebbe fermato il Sole nel suo corso attorno alla Terra.

delle cose, che solo Dio può, invece, conoscere. Le qualità sensibili non sono nell'oggetto ma nel soggetto, quindi esse possono essere percepite e definite soggettivamente. Alla scienza della natura, se ne deduce, spetta il compito di studiare le qualità oggettive dei corpi, che sono misurabili, quindi scientificamente traducibili nelle forme della verità.

Anche **Cartesio** considera la matematica quale nuovo strumento scientifico per l'indagine e per la conoscenza della natura, egli vede in essa la Scientia scientiarium[30], l'unica in grado di porre l'ordine e la misura in tutte le cose[31], per questo egli la definisce "matematica universale" per distinguerla da quella comunemente intesa. Nel Discorso sul metodo, poi, egli stabilisce le regole per ottenere i risultati davvero positivi nella conoscenza: la regola dell'evidenza, la regola dell'analisi, la regola della sintesi, la regola dell'induzione o dell'enumerazione. A rafforzamento delle regole e della sua tesi del dubbio metodico, introduce il principio del dubbio iperbolico, secondo il quale si rende necessario un certo atteggiamento di prudenza, di fronte al principio dell'evidenza, anche rispetto alla matematica, al fine di potere dimostrare anche tramite il pensiero, il Cogito ergo sum, l'esistenza della res cogitans che, di per sé, non è dimostrativa dell'esistenza della res extensa, ne nasce dunque un dualismo nella distinzione tra l'anima e il corpo, dal quale, poi, scaturisce l'indipendenza dell'anima dal corpo e la sua stessa eternità rispetto a

---

[30] Scienza delle scienze.
[31] Nella medicina, nell'astrologia in altre discipline collaterali.

quest'ultimo. Nella concezione della natura cartesiana, la stessa è caratterizzata dall'estensione: la materia, dunque, viene concepita come ciò che ha estensione nello spazio. Le qualità fisiche dei corpi materiali, come in Galilei, sono considerate quali nozioni soggettive che lo spazio determina in noi, perciò non possono essere oggetto della conoscenza scientifica, non sono misurabili e verificabili matematicamente. Scientificamente si possono conoscere solo la forma, la dimensione, le grandezze e il movimento. Il mondo ha una estensione infinita, è costituito ovunque della stessa materia, che è infinitamente divisibile, non è concepibile, pertanto, il vuoto, tutto è occupato dalla materia. Anche Cartesio, come Galilei, accetta la visione cosmologica di Copernico, condividendone in pieno la concezione eliocentrica.

Elementi di novità si riscontrano in **Spinoza**, che, dopo Cartesio, espone la propria concezione dell'ordine della natura, sottolineando le differenze, a tratti notevoli, rispetto alle concezioni dei suoi grandi predecessori. Secondo la sua concezione, le affezioni e gli affetti, i vizi e le virtú, fanno parte della natura e possono essere studiati con un ordine geometrico, come tutto il resto della realtà. Essi, dunque, non avrebbero, come appariva essere in Galilei e in Cartesio, una determinazione soggettiva ma oggettiva allo stesso modo della res extensa, possono essere, dunque, misurati e verificati alla stessa maniera delle forme, delle grandezze e dei movimenti. Nella natura, egli dice, nulla accade che possa essere attribuito a un suo vizio; infatti la natura è sempre la stessa e la sua potenza di agire è ovunque una sola e medesima, ossia le leggi e le norme della natura[32] sono ovunque e sempre le medesime, e perciò anche il modo d'intendere la natura di tutte le cose, quali che siano, deve essere uno e medesimo, ossia in base alle leggi e alle norme universali della Natura stessa. Quindi gli affetti dell'odio, dell'ira, dell'invidia, ecc., in sé considerati, derivano dalla stessa necessità e virtú della natura, come le altre singole cose; e perciò ammettono determinate cause per mezzo delle quali vengono conosciuti e hanno determinate proprietà degne della nostra conoscenza come le proprietà di qualunque. Spinoza, dunque, disserta della natura e delle forze degli affetti e del potere della mente su di essi, con lo stesso metodo con cui tratta di Dio e della mente, e considera le azioni e i desideri umani come se si trattasse di linee, di superfici e di corpi, di forme e di movimenti.

Il percorso si conclude con **Kant** che compie l'estremo tentativo si sintetizzare nell'Io puro, tramite l'intelletto, il dualismo cartesiano della Res cogitans e della es extensa. Stando al suo pensiero il tormento della ragione umana è posto dalla natura stessa: essa, in effetti, evidenzia dei limiti. La ragione, egli afferma, non può penetrare i confini della metafisica, poiché, quando la ragione supera se stessa, cade in sofismi e in false ipotesi, come quando pone le idee di Dio e di anima. La matematica e la fisica, dunque, intervengono a porsi come conoscenze pro-

---

[32] Secondo le quali ogni cosa accade e la stessa cosa da una forma si muta in un'altra.

pedeutiche alla ragione medesima, che ha bisogno di piegare la natura alle sue domande invece di subirle. Per riuscire in tale compito essa deve prospettare alla natura principii suoi, e, in questo risiede quella che, poi, viene definita "la rivoluzione copernicana del pensiero. Secondo la nuova concezione del rapporto uomo-natura, la natura risulta essere un insieme di fenomeni i cui principi scaturiscono dalla forma data loro dalla ragione, quindi non le sono insiti o contenuti da sempre, come, invece, in Galilei. Per Kant le leggi sono nell'io e, in quanto tale, non risulta possibile la conoscenza del noumeno, della cosa in sé, che è, invece, competenza della metafisica. La cosa in sé è possibile come pensiero e non come conoscenza, quest'ultima è legata all'intuizione sensibile, una forma della conoscenza compatibile con la capacità di sintesi dei dati delle scienze. Anche lo spazio e il tempo sono forme a priori, si trovano nel nostro spirito e hanno un valore universale: lo spazio inquadra i dati sensibili del mondo esterno; il tempo, invece, inquadra i fenomeni interiori. La natura, pertanto, risulta costituita di fenomeni che noi colleghiamo con i nessi di causa ed effetto, vale a dire due fra le categorie dell'intelletto; al di sotto dei fenomeni c'è la cosa in sé: la conoscenza così risulta essere il frutto di una sintesi a priori.

Mai quanto oggi il conflitto tra uomo e natura è stato tanto grande, a volte drammatico, l'uomo con i suoi potenti mezzi tenta in ogni modo di deviare il destino della sua stessa generatrice, cerca di soggiogarla e di porla al suo servizio, nel ruolo di ancella, umiliandola nel contempo, sia nel corpo, che appare sempre più sofferente, che nello spirito. Il rischio che si corre è deflagrante molto più di una semplice esplosione atomica, l'ipotesi è quella di un possibile e irreversibile disastro universale, i cui segni già appaiono un po' di qua e un po' di là. La necessità della ripresa del dialogo uomo-natura si fa sempre più urgente, i segnali che arrivano sono questi. Si pensa alla urgenza di una più mirata attenzione filosofica e alla costruzione di una rinnovata visione antropologica del rapporto. «La speranza, mai sopita, è che l'uomo, dopo le disattenzioni e gli scempi compiuti negli ultimi decenni, si riavvicini alla natura madre e amica, riconoscendo nella stessa il luogo e il mezzo della sua origine, prendendo, nel contempo, coscienza di alcuni suoi limiti, cercando di ampliare la conoscenza, al fine di potere riorientare il suo agire verso una maggiore consapevolezza di essere egli-uomo parte di un progetto universale che travalica i confini sia del tempo che dello spazio»[33]. Otto anni dopo la *Pacem in terris*, nel 1971, il beato Papa Paolo VI si riferì alla problematica ecologica, presentandola come una crisi che è «una conseguenza drammatica» dell'attività incontrollata dell'essere umano: «Attra-

---

[33] D*alla tesi per la maturità classica di* **Fabiola Sanfelice**, *Natura madre e maestra, Istituto di Istruzione Superiore Telesi@ - Liceo classico – Telese Terme (BN) – Anno scolastico 2012 / 13.*
[34] **Papa Francesco**, *Laudato si'*, p. 4.

verso uno sfruttamento sconsiderato della natura, egli rischia di distruggerla e di essere a sua volta vittima di siffatta degradazione ».[34] In tempo di grave crisi esistenziale dell'uomo e della società, stritolati dai mille e complessi cambiamenti, a ricordare all'uomo stesso di essere egli figlio della natura-madre è un Papa, il cui grido di dolore va oltre ogni filosofia e attinge il conforto nello spirito universale della vita, àncora unica di redenzione verso l'ancora possibile salvezza

L' ESTETICA NEL PENSIERO FILOSOFICO
Dai presocratici all'età del romanticismo

Il concetto di forma è ciò che sottende alla vita di ogni uomo in ogni tempo. Egli, appena giunto nel mondo, ai primordi della vita sulla terra, vede, tramite i suoi occhi, forme e, di fronte ad alcune di queste, se non di fronte a tutte, prova profonda meraviglia, costata, intanto, che sono fuori di lui, che fuori di lui c'è un mondo di cose che non sono uguali a lui, che sono diverse, che perfino quelli simili a lui sono diversi da lui, hanno altre sembianze, altri atteggiamenti e movenze, può notare, al contrario, meno la sua stessa forma, che non può vedere, se non vedere a pezzi e intuire; egli della sua forma, dunque, si fa un'idea più precisa, meno sommatoria di segmenti, analizzando quella degli altri. Attraverso gli altri egli comincia a vedersi, come attraverso uno specchio; comincia a vedersi quando nota, per la prima volta, la sua ombra riflessa dalla luce su superfici che ha intorno, e, probabilmente, a primo acchito, ne prova terrore, ritenendola cosa altra da lui, un altro essere pericoloso e minaccioso. La forma è la parte estetica di ciò che ognuno è, ma essa nasconde altre forme invisibili a occhio nudo, capaci di dare colore, sapore, umore alla forma esterna: la forma della mente, la forma dello spirito, la forma dei sentimenti e delle emozioni, la forma dei sogni e delle speranze, dei dolori e delle delusioni, della meraviglia e della felicità. Analizzare il concetto di forma è davvero cosa complessa e per potere definire tale complessità una scienza da sola non basta, bisogna utilizzarle tutte in modo concomitante e intelligente, intercalante, a volte. L'estetica, lo studio della bellezza e del sublime che le cose nascondono o mostrano, di ciò che l'uomo coglie in sé, in altri o in altro, può essere considerata in tale senso una scienza multipla, ottenuta dalla somma di altre scienze, una scienza fascinosa e complessa capace di passare al microscopio l'intima natura di tutto quanto esiste.

L'estetica propriamente detta, intesa come trattazione di ciò che è bello, in filosofia ha un'origine recente. Di essa, con la definizione con cui la si identifica oggi, si hanno le prime tracce a partire dal secolo dell'illuminismo, vale a dire dal secolo XVIII. Ciò non toglie che il concetto di bello, come quello di rappresentazione artistica non sia stato trascurato e, quindi, variamente affrontato e discusso nel tempo, a partire dai primordi del pensiero logico. Fatto sta che la bellezza è un evento, talmente insito nelle cose, in tutto quanto esiste, che mai è apparsa essere estranea alla visione sia della mente che dello spirito degli individui che hanno abitato e abitano questo globo di vita, che è la terra, sospeso come per evento magico, e per millenni inspiegato, nello spazio dell'universo sconfinato. Parlare di bellezza è un po' come parlare di tutto: in ogni cosa del mondo animale, come di quello vegetale e minerale, in ogni cosa che riguardi l'uomo e la sua personale esperienza di vita, possono essere individuate tracce di quello che può essere definito equilibrato, oppure armonioso, oppure talmente identico a se stesso da non potere essere assomigliato a nessuna altra cosa, oppure sublime per tutto ciò che trasmette in gioia del vedere e del godere. Bella può essere una persona, o parti e aspetti della stessa, bello può essere un animale, come lo può essere una montagna, un fiume o un mare, un cielo stellato, un albero o un'opera compiuta dall'uomo, capace, come egli è, di cogliere nelle cose, in tutte le cose, quello che di speciale, di straordinario, esse hanno il potere di comunicare; belli possono essere un sentimento, un'emozione, una percezione, un pensiero, un sogno. L'estetica, dunque, altro non è che quella branca della filosofia capace di cogliere e descrivere le motivazioni per cui ciò che viene definito bello è tale, essa ha il potere di trasformare la bellezza in pensiero logico e, poi, in parole e di guidare[35] a cogliere ciò che, non a tutti appare immediatamente visibile, mimetizzandosi la bellezza nel tutto, quasi a proteggere se stessa da contaminazioni sempre in agguato. Sembrerebbe un paradosso, ma la

---

[35] Chi filosofo, artista o poeta non è.

bellezza vive nel nascondimento, non si mostra e non si pavoneggia, attende silenziosa chi la cerca e la trova, accoglie chi impara a distinguerla e ad amarla e in cambio gli dà la gioia profonda del diretto contatto con il sublime, perché la bellezza, nella sua assoluta unicità è il sublime. Vedremo nel prosieguo se questo sublime che è la bellezza oltre che colto possa essere rappresentato, e se può essere colto e rappresentato attraverso quali modi questo possa accadere.

Se i presocratici, all'origine del pensiero filosofico, si fossero occupati del concetto di bellezza, sia pure non tradotto nella parola moderna Estetica, è difficile dirlo, poiché di loro, purtroppo conosciamo solo pochissimi frammenti della loro intera produzione, e quel poco che sappiamo ci arriva per via indiretta, per voce di Socrate e di Platone che di qualcuno tra loro avevano avuto conoscenza o informazioni più o meno attendibili.

Attraverso Platone, ad esempio, e, dopo di lui, attraverso suoi discepoli, veniamo a conoscenza del concetto di armonia che aveva elaborato **Pitagora** intorno al sec. VI a.C. A quest'ultimo, in effetti, è possibile fare risalire le prime riflessioni che il pensiero filosofico compie riferibili più direttamente al concetto di bellezza, di cui, poi, continuarono a occuparsi i seguaci della scuola da lui fondata. La scoperta che una diversa lunghezza delle corde le fa anche vi-

brare in maniera diversa, producendo così una grade-
volezza di suono, induce il pensiero del grande filosofo e matematico alla concezione dell'armonia e as-
socia quest'ultima al bello, che per lui trova corrispondenza nella pienezza dell'equilibrio degli elementi componenti una cosa, il cui calcolo poteva essere ottenuto matematicamente, quindi in maniera
oggettiva, vale a dire indiscutibile, al di là di soggettive opinioni. La simmetria, dunque, era individuabi-
le e calcolabile nelle cose stesse. La medesima considerazione può essere fatta per il cosmo o per particolari elementi presenti nel cosmo.

Vero è che le prime riflessioni che la filosofia fa, più
miratamente riferibili al concetto di estetica, possono
essere fatte risalire[36] a **Democrito** che ci ha lasciato
tracce di suoi scritti nei quali si fa esplicito riferimento a concetti quali ritmo, canto, poesia. Democrito, in effetti, attribuisce a queste specifiche operazioni umane la natura di arte, connettendo quest'ultima
– precorrendo in qualche modo Aristotele – ai concetti di natura e di mimesis, vale a dire
all'osservazione e all'imitazione della natura a opera
dell'artista.

---

[36] Quando il periodo attribuibile al presocratici è, ormai, tra-
montato.

Nell'epoca del vigore dialettico dei sofisti, **Gorgia**, uno dei più noti tra di loro, traduce la parola in maniera elevata tanto da fornirla del potere assoluto di potere essa rappresentare il centro di ogni cosa, intanto egli esclude la possibilità che possa esistere la bellezza intesa come valore oggettivo.

Per **Socrate** l'arte supera il semplice valore di pura imitatrice della natura e le attribuisce il compito di rivelatrice, di sintetizzatrice e di unificatrice degli aspetti migliori colti dall'artista nella natura stessa.

Anche **Platone**, già nei Dialoghi, prova a esporre, qualche concetto in materia di estetica, ma lo fa in maniere un po' contraddittorie e non sempre assimilabili o conciliabili. Nell'Ippia Maggiore, tuttavia, egli trova il modo di assemblare meglio le sue idee, espresse in precedenza, fino a farle apparire disposte in un corpo più sistematico, il cui centro è rappresentato dai concetti di ordine e di armonia di pitagorica memoria. La bellezza, più ancora che all'esperienza sensibile, risulta collegabile, come la verità, d'altra parte, all'idea stessa della bellezza: più l'artista si avvicina all'idea pura, più bellezza egli coglie nel corpo della sua stessa arte, più egli si allontana dalla materia sensibile, più cose riesce a cogliere della forma di quanto esiste. Cercare il bello, in sostanza, per Platone finisce per coincidere con la ricerca stessa del bene: bello e bene trovano identificazione l'uno nell'altro e viceversa. Essendo, tuttavia, l'arte imitazione di un'idea preesistente, vede l'arte come un ulteriore allontanamento dalla natura stessa che è già, di per sé, una copia dell'idea: essa, dunque, finisce per identificare se stessa in una copia della copia, essa, pertanto, risulta essere negativa rispetto alla conoscenza del vero in quando ne falsifica le forme ideali. La poesia è anch'essa imitazione del poeta che, a sua volta, imita gli dei.

Diversa appare la situazione in **Aristotele**, per quanto riguarda il concetto di arte, rispetto alla visione già mostrata da Platone. Per Aristotele, infatti, l'arte è esercitabile solo in presenza da parte dell'artista dei requisiti basilari nella fattispecie di conoscenze adeguate, di specifiche competenze e di insopprimibili abilità tecniche. L'artista è colui che è in grado di realizzare una perfetta continuità tra la natura e l'oggetto artistico che della natura stessa è copia, cioè mimesis. Ma il concetto di mimesis, posto dal grande filosofo, tuttavia, sembra oggi contenere delle contraddizioni o, comunque, dei punti oscuri in quanto l'arte non avrebbe una reale corrispondenza con la natura, non ne sarebbe imitazione, ma individuazione nella stessa di aspetti specifici resisi evidenti in maniera diversa rispetto alla diversità delle persone. Secondo questa interpretazione, che qualcuno oggi ipotizza, l'arte avrebbe il potere di svelare all'artista ciò che non sempre la natura di sé mostra all'uomo comune, l'artista, poi, ponendosi quasi come medium, mostra al visitatore ciò che egli stesso ha avuto modo di vedere.

Pseudo-Longino, nel periodo compreso tra l'Ellenismo e l'età romana (III sec. a.C. / VII sec. d.C.), nella sua opera "Sul Sublime", mette al centro il tema della "grandezza". Egli, mentre mostra nostalgia profonda per il modo in cui si conduceva la vita nelle antiche Polis, fa rivivere il potere della fantasia, che era sempre evidente e manifesta nell'età classica.

In **Seneca**, come anche nella scuola stoica, il problema dell'estetica si concentra sul concetti di simmetria e di decorum. Se si escludono, poi, alcuni frammenti riscontrabili in Orazio[37] e in Vitruvio[38], il

---

[37] *"Omne tulit punctum qui miscuit utile dulci, lectorem delectando pariterque monendo"*, come è detto nell'*Arte poetica* di **Orazio**.

[38] Dal suo Trattato: "Tutte queste costruzioni devono avere requisiti di solidità, utilità e bellezza. Avranno solidità quando le fondamenta, costruite con materiali scelti con cura e senza avarizia, poggeranno profondamente e saldamente sul terreno sottostante; utilità, quando la distribuzione dello spazio interno di ciascun edificio di qualsiasi genere sarà corretta e pratica all'uso; bellezza, infine quando l'aspetto dell'opera sarà piacevole per l'armoniosa proporzione delle parti che si ottiene con l'avveduto calcolo delle simmetrie."

periodo post aristotelico rappresenta un momento di grande silenzio relativo al tema dell'estetica.

Solamente con **Plotino** fa capolino qualcosa di nuovo in proposito. Egli, in effetti, pone il tema del bello al centro del suo pensiero[39], affermando che la contemplazione della bellezza, trasmessa dai sensi, ha il potere di guidare verso la purezza metafisica dell'Uno, essendo la bellezza sensibile l'immagine riflessa proveniente da una bellezza superiore a quella che nel mondo appare. La bellezza, dunque, più che a dati matematico-geometrici, è collegabile a dati etico-conoscitivi individuabili nell'Uno-Tutto, che egli pone a fondamento di tutto il suo sistema di pensiero. Egli, dunque, negando la visione pitagorica, sembra sfiorare quella platonica. L'arte sensibile, per concludere, è la scala che conduce alla bellezza sovra-sensibile, tramite essa l'uomo è in grado di entrare in contatto con la bellezza ideale, di cui egli stesso è emanazione. L'idea di bellezza, in tal senso, è racchiudibile nell'insieme armonico di tre movimenti essenziali: il movimento dell'idea; il movimento dell'anima; il movimento della materia.

Dionigi Aeropagita, intorno al I sec. d.C., fa coincidere il bello più elevato con il concetto di bene[40] Egli

---

[39] Enneadi.
[40] Come già, in un certo senso, era stato per **Platone**. Nell'opera *Corpus Dionysiacum*.

ritiene che nel mondo sensibile, o mondo reale e visibile, della bellezza reale, coincidente con la visione di Dio, si possono notare solo tracce, rassomiglianze e indizi, l'arte, quindi, può avere solo la funzione di imitatrice del mondo invisibile o del mondo metafisico[41]. Egli riesce in tal modo a sintetizzare classicità greca, patristica e cristianesimo aprendo la strada al pensiero di S. Agostino.

Secondo **S. Agostino** la bellezza non può essere concepita sul piano soggettivo, collocando essa i suoi fondamenti nei concetti, tipicamente greci, di armonia e di misura. Egli afferma: "Ammirando le bellezze della natura possiamo fare l'esperienza della Bellezza "tanto antica e sempre nuova"[42]. E, in particolare, per Agostino la Bellezza si riassume in Dio, perché Egli è "Bellezza
di ogni bellezza""[43].

E' nel corso del sec. XII che si va profilando una profonda revisione critica rispetto ai giudizi, espressi in precedenza, relativi ai concetti di estetica e di bellezza, fino a capovolgere di quest'ultima la visione trasmessa dalla più accreditata tradizione. La bellezza[44] è visibile negli strati inferiori rispetto al divino. Due sono le bellezze possibili, ma solo quella inte-

---

[41] Nell'opera *Corpus Dionysiacum*.
[42] *Confessioni,* 10,27,38.
[43] *Confessioni.* 3,6,10.
[44] Contraddicendo così la complessa visione del **Plotino**.

riore, quando riesce a toccare le corde dell'anima attraverso un cammino di conoscenza, riesce anche a rifletteresi sui corpi. Lo stesso tipo di manifestazione non sarebbe possibile per la bellezza sensibile.

Che l'uomo sia da ritenere l'essere più perfetto elaborato da quel grande architetto dell'intero universo che è il Creatore è un pensiero scaturito dalla **Scuola di Chartres**.

Ugo, invece, il maggiore degli interpreti della Scuola di S. Vittore, preferisce pensare che la bellezza mondana, pur conservando un proprio modo di essere libero e indipendente, è solo una via capace di introdurre al modo della bellezza superiore, quest'ultima, in particolare, avrebbe il merito di potere avvicinare l'uomo a Dio tramite uno specifico cammino di conoscenza.

Nuove ipotesi sul concetto di estetica vengono elaborate nel corso del secolo XIII dal **Grossatesta** Egli ritorna, in un certo modo, al concetto dell'armonia riscontrabile tra le parti dell'oggetto o del soggetto guardato[45]. Egli vede nella luce la cosa più armonica tra le altre cose esistenti e visibili. L'intero universo, secondo la sua concezione, è costruito sull'impianto strutturale della luce, e quest'ultima è manifestazione

---

[45] Concetto di pitagorica memoria.

diretta di Dio stesso, autore primo dell'universo esistente.

Un contemporaneo del Grossatesta, e francescano come lui, **Bonaventura da Bagnoregio**, attribuisce un ruolo fondamentale alla teologia, ritenendo la stessa il grado più elevato della conoscenza, a lei, quindi, tutto deve essere riportato. Il suo pensiero estetico è incardinato sul presupposto che il mondo è bello ma è pur sempre un riflesso del mondo divino, e solamente in quest'ultimo il concetto di bellezza allo stato puro va attinto.

I Domenicani, per parte loro, recuperando alcuni concetti aristotelici, ripongono in Dio la causa prima della bellezza che nel mondo sensibile si manifesta attraverso lo splendore delle forme o della forma. **Tommaso d'Aquino** pone come base di tutta l'analisi l'equilibrio assoluto tra fede e ragione. Secondo il grande pensatore il bene e il bello sarebbero di per sé indistinti, quasi unica cosa, a scinderli, fino a poterli definire nell'in sé di ciascuno, è compito della ragione, a cui è possibile cogliere il bello insito o connaturato alle cose. Il bene si riferisce alla causa finale[46]; il bello, diversamente dal bene, è legato alla facoltà conoscitiva, può essere, dunque, attinto anche

---

[46] Per soddisfare il desiderio di bene è necessario possedere il bene stesso.

attraverso le immagini purché esse manifestino la proporzione dei rapporti esistenti tra fede e ragione.

Dopo le varie disquisizioni, più di carattere teologico, sul concetto di bellezza, combattute tra francescani e domenicani, si giunge all'epoca fatidica dell'**Umanesimo e del rinascimento** Il secolo XVI è il grande crocevia del tempo, è l'incrocio di tutte le tendenze, è il laboratorio dove tutto viene rimescolato e ridefinito alla luce dell'uomo nuovo, è la grande epoca nella quale l'arte si misura con se stessa e si confronta quanto mai con il concetto di bellezza. E' questa l'epoca in cui si comincia a imprimere un rinnovato vigore al rapporto con le idee filosofiche e, sia pure lentamente, crescono le tecniche figurative e rappresentative. Gli elementi ispiratori degli artisti sono: il rapporto uomo-natura; il rapporto esperienza-ragione; il rapporto sacro-mondano. **Piero della Francesca** crea la prospettiva, il corpo umano diventa l'elemento fondamentale per definire le proporzioni nei diversi campi: architettura, scultura e pittura. **Leon Battista Alberti** attinge a elementi neoplatonici dando poi materia al suo concetto di bellezza.

A partire dal settecento il concetto di bellezza comincia a rivestirsi dei colori tipici della contemporaneità e compare, per la prima volta, il nome Estetica, che, da questo momento finisce per diventare la definizione di una vera e propria scienza della conoscenza, come appare con evidenza in **Baumgarten**. E' quest'ultimo, in effetti, che, intorno alla metà del secolo XVIII, crea il nome destinato a durare fino a oggi. Egli affida la nobiltà di scienza vera e propria all'estetica e le attribuisce il difficilissimo compito di osservare i momenti della conoscenza sensibile capaci di produrre la visione della perfezione. Insomma, secondo lui, attraverso il conoscere, i sensi possono tendere al bello e toccare con mano quanto si veste di sublime. Egli compie il tentativo di scoprire l'accordo esistente tra pensieri unificati in una cosa che si vede, l'ordine interno della cosa stessa, la continuità di senso tra pensiero e cosa.

Winckelmann, con un vero e proprio flach bleach, una specie di salto all'indietro attualizzato al tempo presente, conduce, poi, all'estrema esaltazione l'epoca classica dell'arte greca, che per lui rappresenta il momento di più raffinata sintesi tra la natura e la sua rappresentazione. Per imitare la natura basta imitare i canoni dell'arte greca che meglio di qualunque arte successiva ne ha evidenziato sia l'ordine interno che esterno. Nasce e cresce attraverso di lui la cultura del **neoclassicismo**, che vede elevare l'arte greca nel punto culminante del concetto stesso di estetica. Nell'arte classica la presenza della diversità di forme non impedisce in nessun modo la visione di una forma perfetta, capace di definire la natura dell'oggettività rispetto a tutte le altre.

Lessing, per parte sua, facendo un grande passo avanti nella definibilità del bello, fa da muro di separazione rispetto alla visione di Winckelmann. Infatti, egli nega la presunta inferiorità della poesia rispetto alle arti plastiche[47], queste ultime rappresentavano il grande pregio ma anche il grande limite della concezione dell'arte classica, in quanto essa ad esse si fermava, il mondo contemporaneo, invece, è in grado di andare oltre tale limite e di esplorare altre forme dell'esperienza sensibile ed estetica.

Il francese **Crousaz,** prova a distinguere tra bello e bellezza e finisce per negarne l'affinità. Egli ritiene che il concetto di oggettività è contenibile solo nella prima delle due affermazioni, avendo i caratteri della soggettività la seconda[48].

Du Bos, intanto, mette in risalto il contrasto tra ragione e sentimento nell'analisi estetica, in quanto la prima impedirebbe al secondo di potersi esprimere nella sua vera natura. Egli recupera, dunque, il valore dei sensi rispetto alla ragione nella rappresentazione

---

[47] Nel 1766 Pubblica il *Laoocoonte, ovvero dei confini tra pittura e poesia*, in cui espone la sua teoria estetica.

[48] In **Jean-Pierre de Crousaz**, *Tratado de Lo bello*, pag. 17 e segg.

artistica ed estetica. In sintesi egli ritiene che il sentimento sia alla base della produzione della bellezza sia nell'arte che nella poesia, negando, quindi, l'importanza delle regole e degli schemi accademici[49].

Diderot sposta parecchio i cardini della sua visione dell'estetica rispetto ai suoi predecessori e contemporanei, affidandone la natura alla produzione di simboli rappresentativi della realtà, inducendo quasi a pensare a uno specifico linguaggio rappresentativo di forme attraverso segni, veri e propri geroglifici[50].

In Inghilterra, all'interno del partito dei moderni, **Cooper** evita di vedere nel morale una via verso il bello, essendo questo già contenuto nel bello stesso, i due concetti, secondo lui, risultano già conciliati tra di loro senza altre artefazioni o congetture. Egli ritiene che l'arte è pura armonia, capace, a sua volta, di contemplare l'armonia universale E' per questo che egli affida all'artista il compito grande di essere egli il continuatore della creazione iniziata un giorno da Dio.

---

[49] Nelle sue "Riflessioni critiche sulla poesia e sulla pittura" (1719) **Du Bos** fa coincidere il piano estetico delle arti, con quello psicologico e sociologico, per mettere in evidenza quanto l'arte non sia e non possa essere autonoma dall'uomo, ma è sempre in relazione con lui.
[50] In **D. Diderot**, *Arte, bello e interpretazione della natura*.

Per **Addison** la capacità immaginativa è quella che meglio può fare da elemento di mediazione tra la sensibilità e l'intelletto[51]. Si deduce che il sentimento del piacere, lungi dall'essere un sintomo di confusione dello spirito, è un modo di esprimere il sentimento del gusto. Egli, poi, colloca in due diverse categorie di qualità i piaceri primari e i piaceri secondari: i primi sono legati direttamente alla visione di ciò che è grande e di ciò che è bello in linea di assoluta continuità con la natura, senza alcuna forma o mezzo di intermediazione tra il piacere suscitato e la natura suscitatrice; i secondi sono indiretti, sono filtrati, sono intermediati dall'arte, quindi sono privi di una linea di continuità con la natura, di quest'ultima, quindi, essi risultano essere una semplice imitazione.

G.B. Vico lega la logica dell'estetica alla poetica, che, a sua volta, risulta collegata intimamente alla storia degli eventi nella loro articolata evoluzione che ruoterebbe attraverso tre momenti fondativi: i primi due scaturirebbero dalla logica poetica stessa. Con l'idea che la poesia sia il fondamento archeologico della cultura e conoscenza umane, l'Estetica di Vico si contrappone alla concezione arcadica, cioè ad un'arte ornamentale, di pura evasione. In realtà, la

---

[51] Grazie all'opera di **Addison**, la nozione di sublime viene distinta per la prima volta da quella di 'bello'; secondo Addison, infatti, il tratto caratteristico del sublime è il suo farsi espressione di un «orrore piacevole».

sapienza poetica assicura un tipo di sapere formativo e veritativo, come tale molto più corpulento rispetto al sapere scientifico, modello di cultura astratta, incapace di rispondere alla sensibilità umana, oltre che riconoscere la storia come storicità, cioè comprensione della continuità temporale nella differenza dei corsi e dei ricorsi, delle prospettive di vita e dei periodici ritorni[52]. Il recupero della visione dell'uomo avviene tramite il recupero di quei primissimi momenti in cui l'uomo stesso appariva intimamente legato al mondo che lo circondava. In sintesi, secondo Vico, solo attraverso la logica poetica si può avere accesso alla vera conoscenza.

Ma il primo grande teorico dell'estetica, colui che in sé raccoglie tutti i pensieri precedenti, specie quelli del '700, e li articola in una complessa visione, è **E. Kant**. Egli è colui che apre i nuovi orizzonti che sfociano poi nell'estetica contemporanea. Kant elabora una poderosa sintesi delle idee, aprendo una grande strada, sulle nuove prospettive in materia, sull'età contemporanea. E' nella Critica del Giudizio che Kant comincia a cimentarsi in pienezza con il termine "estetica", è in questo ambito che egli approda alla visione di una natura intesa come libera finalità, mettendo in relazione la conoscenza scientifica dei fe-

---

[52] **G.B. Vico**, *Scienza Nuova*, libro III.

nomeni[53] con la ragione pratica[54], passando attraverso il giudizio riflettente. Quest'ultimo, a sua volta, rivela se stesso attraverso due forme trascendentali che danno luogo rispettivamente al sentimento che apre alla visione del libero avvicendarsi della natura[55], e alla sensazione profonda di piacere o dispiacere che la natura riesce a suscitare su chi la osserva[56]. Il giudizio, secondo il gusto, nei confronti di quanto appare bello è da ritenere libero, svincolato da regole, quindi di carattere puramente soggettivo. Si hanno, poi, almeno due aspetti della bellezza: quella libera coincide con l'espressione di un giudizio estetico puro; quella aderente coincide con l'idea del piacere connaturata con un'idea di scopo. Nel secondo dei due casi si realizza una coincidenza assoluta tra le due forme del giudizio, quello teleologico e quello estetico. Secondo il grande filosofo, inoltre, il concetto di sublime coincide con il sentimento dell'infinitamente grande capace di mettere di fronte a un sentimento misto di dispiacere del non riuscire a contenere in noi l'infinitamente grande, ma anche del piacere di sapere la nostra destinazione verso il sovrasensibile. A definire le regole dell'arte è il genio, vale a dire un essere umano fornito dalla natura di un

---

[53] Giudizio determinante.
[54] Giudizio morale.
[55] Giudizio teleologico.
[56] Giudizio estetico.

particolare talento interpretativo dell'esistente, del quale è in grado di mettere in evidenza le idee estetiche. L'arte, insomma, secondo Kant, coincide con la capacità di assimilazione della natura, in modo tale che l'opera dell'uomo possa apparire come opera della natura medesima, grazie ad una operazione di prospettiva contemplativa.

Lo stesso **Goethe**, relativamente all'arte, ha scritto parecchio, senza riuscire, tuttavia, a concludere il suo pensiero sull'estetica in una visione sistematica. Evidente, però, appare il suo insistente fare coincidere l'attività poetica con la vita stessa[57] e la natura, inquadrati in una visione totalizzante, contenente l'unità del tutto, coincidente con la conoscenza stessa. Dal tutto si può evincere, o perlomeno dedurre, che l'attività dell'artista trova la sua stretta relazione con l'attività del conoscere, che mentre afferma l'esistenza di un mondo oltre il sé, lo mette, nel contempo, in relazione con lo stesso sé. L'arte, mentre non imita la natura, si pone essa stessa come altra natura fornita dei caratteri più misteriosi ancora della natura che essa indaga per conoscere e rappresentare tramite un linguaggio simbolico capace di sintetizzare il particolare nell'universale.

---

[57] Che egli vede come l'insieme inscindibile di forma e di movimento.

Schiller, per alcuni aspetti, trova qualche coincidenza con il concetto di forma già espresso da Goethe che già si muoveva a mezzo tra il concetto puramente illuministico e quello romantico, apparendo quest'ultimo meno irrigidito dalle regole precise della ragione. Attraverso lui si va definendo un superamento della realtà visibile senza sfociare, tuttavia, verso visioni del tutto indefinibili e imprecisabili, egli, in effetti, compie il tentativo dell'incontro con l'ideale, riscontrando tale modo del concepire l'arte nella rappresentazione tragica nella quale la morale meglio riesce a trovare la sua elevazione dalle semplici leggi naturali. Egli fa nota, come nonostante Dio abbia cacciato l' uomo dall'Eden, la bellezza si sia fatta mortale, in quanto opera degli artisti[58]. La natura prima dell' opera degli artisti è selvaggia e disordinata, il loro operare ha una funzione teologica, ponendosi come prosecuzione dell' attività divina mediante la piena fusione tra l' intuizione sensibile e l' intelletto.

Un grande elemento di rottura rispetto alla visione del concetto di estetica si ha con il nascere del **romanticismo tedesco**, tutto fondato sull'esaltazione del sentimento e della libertà, capace di rappresentare il fondamento della capacità creativa dell'artista, al punto tale che egli ha il potere di tradurre perfino il sogno in realtà e farlo corrispondere con i canoni del-

---

[58] In un suo componimento poetico del 1789.

la verità. Lo spirito libero si va così sostituendo alla costrizione delle regole donando sviluppo e vigore a una più moderna concezione del bello. La modernità dell'arte romantica consiste nel fatto che essa deve essere in grado di rappresentare il proprio tempo e sapervisi riconoscere. L'autore è, in effetti, parte egli stesso dell'organizzazione sociale in cui si ritrova a vivere. Contraddicendo i canoni e i fini dell'arte classica, l'artista si attribuisce un compito morale, evitando, al contrario, di limitarsi a rappresentare il bello per il bello, mirando, invece, al vero, a ciò che la storia stessa gli detta, giorno per giorno, nel suo divenire. Il principio del vero, nel campo più specificamente letterario, trova la sua coincidenza nella corrente più prettamente lirica, più soggettiva, più interiore, e in quella realistica, di carattere, invece, oggettivo, più rivolto al sociale nelle sue diverse forme di espressione. Il concetto dell'arte romantica contraddice che essa possa essere solo la pura e semplice espressione del genio. Vengono fuori così, attraverso le opere, le contraddizioni del tempo, le tensioni sia dell'anima che del corpo, al di là, dunque, di una semplice imitazione del bello contenuto in natura, considerato immutabile nel tempo, privo di divenire, quindi privo di vita. Si evince dall'insieme che l'arte romantica, negatrice di quanto del passato aveva rappresentato l'arte neoclassica, si distanzia, fino a negarne i presupposti, sia dalla statica concezione del verosimile che del bello ideale, immutabile in sé, quindi privo di anima vivente dell'artista che vede e interpreta un mondo delle cose che muta ogni volta davanti ai suoi stessi occhi. Anche le realtà umili finiscono per fare il loro ingresso nella rappresentazione artistica, a farla da protagonisti non sono più solamente dei ed eroi, ne scaturisce quindi una poetica del dire e del descrivere del tutto nuova, rivoluzionaria sotto molti aspetti, capace di aprire definitivamente le porte a un popolo in cammino e ai modi e alle forme dell'arte contemporanea.

In conclusione, i potenziali lettori di questo brevissimo saggio mi consentano l'azzardo di esprimere una mia personale teoria sul concetto di bellezza o di bello, dopo le tante già suggerite dalla storia ultra millenaria del pensiero umano: chi non si vede non vede, l'estremo livello della bellezza, il suo grado più in alto è nella capacità di "vedersi". Anche Dante Alighieri ebbe la visione dell'estremo bagliore di Dio, quando finalmente "si vide" e quel bagliore vide riflesso in se stesso. La bellezza, nelle sue forme e nei sentimenti che essa è capace di indurre allo spirito umano, si manifesta in maniera, direi automatica, negli spiriti liberi, in coloro che, avendo la visione intera di sé, hanno il potere e il privilegio, non a tutti consentito, di vedere e vedere oltre l'apparire delle cose, di vedere dentro alle cose e coglierne l'anima recondita, fosse pure l'anima di una singola, foglia, sublime nella sua fragilità, colpita dal sibilo arrogante di un vento impetuoso d'autunno.

Breve percorso
nella psicologia di J.I. Gurdjieff
Un modo per conoscersi

George Ivanovic Gurdjieff, di origine greca ma di adozione armena, nasce a Gyumri nel 1872 e muore a Neully nel 1949. Di cultura eclettica e di ampio respiro è, nel contempo, filosofo, psicologo, scrittore, maestro di danze, viaggiatore instancabile, attento osservatore di usi e costumi dei popoli.

Il suo nome, che comincia ad essere sempre più conosciuto e diffuso anche nel mondo occidentale, è legato alla fondazione dell'Istituto per lo Sviluppo Armonico dell'Uomo, una vera e propria scuola atta a risvegliare la persona dallo stato di "veglia apparente".

Il suo pensiero è pervenuto a noi non solo attraverso la sua opera ed i suoi scritti ma anche tramite la sistematica divulgazione e l'approfondimento che ne hanno fatto, nel tempo, i suoi discepoli, diventati, a loro volta, celebri e fra questi P.D. Ouspenski[59], Maurice Nicoll[60] e J.G. Bennett[61].

In conseguenza della crisi culturale e dei valori, che sta coinvolgendo sempre di più la cultura del mondo

---

[59] *Frammenti di un insegnamento sconosciuto.*
[60] L'uomo nuovo. Interpretazione di alcune parabole e di alcuni miracoli di Cristo.
[61] *Il divino sessuale.*

occidentale, sta crescendo il numero delle persone che, a livello individuale, di gruppo o di scuola, fa riferimento al pensiero di questo genio, altamente profetico, dell'umanità. A lui si sono ispirati, o si ispirano, anche attraverso le loro opere, protagonisti come l'architetto statunitense Frank Lloyd Wright, la scrittrice Pamela Lyndon autrice di Mary Poppins, lo scrittore francese Renè Dumal. Il regista inglese Peter Brook, il cantautore italiano Franco Battiato, ma anche altri che sarebbe veramente lungo elencare. Il suo vastissimo corredo di conoscenze include, in una intelligente ed armoniosa sintesi, vari pensieri religiosi con un riferimento speciale alla filosofia del cristianesimo, in quanto cultura predominante nel mondo. L'avvicinamento al suo pensiero richiede gradualità, attenzione e per alcuni aspetti, dovuta precauzione, in quanto la sua scrittura e le sue concezioni, a un primo approccio, sembrano essere molto distanti dal comune sentire morale, civile e religioso tipico delle culture occidentali. Egli, per la verità, non nega né afferma, semplicemente sollecita l'io, suggerendo ad ogni essere esistente il bisogno di ritrovare le vie smarrite della coscienza, per dare un senso nuovo a quello che egli stesso è, a quello che egli stesso fa, a quello in cui egli stesso crede di credere, a quello per cui egli stesso agisce ed opera.

Secondo Gurdjieff l'uomo vive la maggior parte della sua esistenza nel sonno e nel sogno, in conseguenza del plagio culturale, che subisce sin dalla nascita, che rende puramente meccanico il suo agire. Il superamento della sua condizione di subalternità culturale, per raggiungere un superiore livello di consapevolezza di sé, può avvenire solamente attraverso un duro lavoro su se stesso. La condizione preliminare per tale lavoro risulta essere il desiderio personale di impegno per diventare un uomo differente, un uomo cioè capace di superare il suo stato iniziale di essere macchina, di fare, quindi, in prima persona, al fine di imparare a riconoscere la propria individualità nell'unità e di identificare un proprio "Io permanente" controllato da una coscienza consapevole e dalla volontà di agire. Ma la coscienza di essere richiede il superamento dello stato di coscienza relativa attraverso una prima percezione della coscienza di sé per potere poi raggiungere la coscienza oggettiva nella visione dell'intera verità su ogni cosa. In questo percorso la psicologia può essere di grande aiuto nel capire lo stato di menzogna nel quale ci si trova rispetto a se stessi prima ancora che rispetto agli altri e al tutto. Lo stato di menzogna, coincide con lo stato di sonno o di veglia apparente, che, mentre impedisce la percezione precisa tra ciò che è reale e ciò che è solamente immaginario nell'uomo, produce la falsa sensazione di trovarsi di fronte alla verità, tanto che si finisce per mentire a se stessi senza neppure averne la coscienza, dando, in tal modo, luogo ad una falsità relazionale tra Essenza e Personalità, mediate da una sequela infinita di impressioni prodotte da influenze o, come anche si potrebbe dire, da "falsi io" che impediscono all'io vero di venire alla luce, di nascere cioè[62]. Gli uomini di oggi possono essere con-

[62] **P.D. Ouspensky**, *Frammenti di un insegnamento sconosciuto*, Editrice Astrolabio, Roma, p. 28.

tenuti in sette grandi categorie, a loro volta suddivise in quelle dell'uomo ordinario e quello dell'uomo superiore.

La categoria dell'uomo ordinario include:

- l'uomo fisico;
- l'uomo emozionale;
- l'uomo intellettuale.

La categoria dell'uomo superiore invece annovera nel suo seno:

- L'uomo che ha raggiunto il centro di gravità permanente e che vive dentro all'idea dello sviluppo;
- L'uomo che ha raggiunto l'unità della coscienza ed è fornito di poteri e funzioni fuori della categoria di uomo ordinario;
- L'uomo che gode della coscienza oggettiva e possiede un numero più elevato di nuove facoltà, sconosciute all'uomo ordinario;
- L'uomo che è ormai dentro all'io permanente e gode di ogni possibile facoltà.

La percepibilità della dimensione religiosa della vita, poi, è contenibile solamente nelle prime cinque categorie nell'ordine di come segue:

- La prima comprende l'uomo feticista;

- La seconda il fanatico, l'intollerante e il persecutore;

- La terza il teorico, il dotto, il ritualistico e dogmatico;

- La quarta il ricercatore, colui che cerca di farsi da sé la ragione delle cose;

- La quinta del mistico e dell'asceta, di colui che ultradimensiona se stesso, ritagliandosi uno spazio oltre il modo comune di concepirlo;

- Nessuna possibilità esiste di accedere alla conoscenza nella sesta e nella settima categoria.

I percorsi attraverso la conoscenza di sé, che condurranno l'uomo a uno dei sette modi della possibilità dell'essere o gli consentiranno di spostarsi attraverso gli stessi in un continuo divenire, hanno inizio da quanto ciascun uomo meccanicamente possiede, sin dall'origine:

- Il cervello o centro intellettuale;
- Il cervello o centro emozionale;
- Il cervello o centro motorio;
- Il cervello o centro istintivo.

Il modo stesso[63] con cui l'uomo agisce sui suoi potenziali centri gli consentirà uno sviluppo tale che lo può lasciare in uno stato di veglia permanente o consentirgli l'accesso alle visioni sempre più vicine al sublime della verità, che coincide con quell'unità assoluta di cui si è parti o frammenti in viaggio per potersi ricomporre con l'unità cosmica grazie al cammino intelligente dentro alla conoscenza che conduce alla consapevolezza. Ciò che, solitamente, contribuisce a rallentare l'uomo verso l'accesso ai livelli superiori di essere sono le impressioni che riceve nella sua macchina dall'esterno e che, quasi sempre, si trasformano in influenze di varia natura e potenza, che contribuiscono a rendere oscuro od opaco il suo sapere, nel senso della percezione del sé reale, che quasi sempre gli rimane assente o estraneo. Le impressioni scaturiscono, in genere, da uno scorretto lavoro dei centri o nei casi in cui questi si sovrappongono o si sostituiscono l'uno all'altro e viceversa, producendo sull'io influenze negative dovute a false impressioni quasi sempre cariche di torbido, di vago, di mancante, di lento, di illusorio, di frammentario Il risultato è la visione relativa del tutto.

Esistono tre sentieri di tipo tradizionale, già sperimentati nei comuni modi di crescere, che possono, in qualche modo, guidare l'uomo lungo la strada del

---

[63] Modo prevalente, modo predominante, modo coerente, modo equilibrato.

Risveglio, in quanto lo inducono alla rinuncia su ciò che è falso o, comunque, fatuo[64]. Essi sono[65]:

- La via del fachiro, tendente allo sviluppo della volontà fisica, al controllo del potere sul corpo;
- La via del monaco, tendente alla fede, al sentimento religioso, al sacrificio;
- La via dello yogi, tendente alla conoscenza razionale o, se si vuole, oggettiva, conseguita tramite l'intelletto.

Ciascuna delle tre vie conduce, tuttavia, ad una visione parziale dell'uomo in quanto è assente nell'una quella che nell'altra è presente[66]:

- Nella prima mancheranno i sentimenti e le conoscenze razionali;

- Nella seconda mancheranno il controllo del corpo e le conoscenze oggettive;

- Nella terza mancheranno il controllo del corpo e dei sentimenti fra i quali anche quelli di tipo religioso.

Si deduce che, se le prime tre vie sono strumenti par-

---

[64] Op. cit., p. 56.
[65] Op. cit., p. 53.
[66] Op. cit., p. 53 segg.

ziali, sia pure importanti, per l'inizio della lievitazio-
ne della coscienza dell'io, necessitante diventa una
quarta via[67] attraverso la quale si consegue:

- La capacità di difesa da qualunque processo
  di identificazione;

- L'attitudine al lavoro interiore in rapporto anche ai mutamenti storici e culturali;

- L'abitudine al non-luogo, che tiene lontano
  dai luoghi ordinari, origine essi stessi delle
  contaminazioni.

Insomma la quarta via diventa la porta principale
verso l'elevazione dell'essere, ma le vie, in generale,
sono un cammino verso la salvezza. Quanto è fuori
del tracciato delle vie procede verso la morte
dell'uomo, anche di quello apparentemente più intelligente e colto[68]. L'uomo ordinario, in effetti, è caratterizzato, all'interno della sua personalità, dalla compresenza di diversi io, la sua vita interiore non è un
modello di unità in quanto subisce il fascino delle
impressioni esterne, che sono la causa del sonno
permanente. Il venir fuori dal sonno comporta il sacrificio dell'isolamento dalle influenze del mondo
tramite l'assunzione di un atteggiamento di tipo esoterico, rivolto quindi al silenzio della vita interiore,

---

[67] Op. cit., p. 57.
[68] Op. cit., p. 56.

che contiene la prefigurazione dei sentieri da percorrere verso l'acquisizione di una coscienza superiore.

I linguaggi delle scienze umane, quali la filosofia, la psicologia, la sociologia, la teologia[69] non sono di per sé bastevoli o idonei al risveglio, essi contengono limiti notevoli, in quanto sono conflittuali, falsamente dialettici, frammentari, legati alle visioni politiche, economiche, culturali, sociali dei diversi momenti storici e all'interno dello stesso momento storico, tracciano, pertanto, nelle variegate diversità di metodi e impostazioni, profili dell'uomo condizionati dagli interessi occulti o palesi delle classi sociali dominanti nelle diverse epoche e civiltà. Essi sono lontani da un linguaggio che si possa definire universale, agiscono, quasi sempre, sulla produzione di sistemi e di processi volti all'inibizione della libertà che all'uomo è data, sin dall'origine della creazione, di potersi sentire "tale" e potersi produrre e riprodurre nella sua stessa essenza, cioè nella pienezza assoluta della consapevolezza di sé, avendone i presupposti forniti dalla natura stessa. La psicologia classica, per esempio, agisce nell'ambito di pacchetti diagnostici e terapeutici tendenzialmente votati a riportare la "cosiddetta devianza" alla "normalità", senza tenere conto che il concetto di normalità predefinito è del tutto pretestuoso, corrispondente semplicemente a "un modello di cultura e di civiltà storicamente stabilito. E' probabile, a ben vedere, che la devianza stia annidata proprio in quella normalità. E bene si farebbe a

---

[69] Che pure hanno da sempre il compito di studiare i comportamenti umani ed orientarli.

riflettere su questo, oggi soprattutto, in un'epoca in cui tutto sembra rimesso in discussione, i valori fondamentali contestati e la cultura del relativismo dominante, non ho voluto usare appositamente l'affermazione "nichilismo di ritorno".

Gurdjieff ad una domanda postagli dall'allievo Ouspenski rispondeva:

«Per fare bisogna essere. E bisogna, per prima cosa, comprendere cosa significa essere. Se continueremo queste conversazioni, vedrete che ci serviremo di un linguaggio speciale e che per essere in grado di parlare con noi, bisogna imparare questo linguaggio. Non vale la pena di parlare nel linguaggio ordinario, perché, in questa lingua è impossibile comprenderci. Questo vi stupisce. Ma è la verità. Per riuscire a comprendere è necessario imparare un'altra lingua. Nella lingua che parla la gente non ci si può capire»[70].

Il maestro, dunque, poneva il problema del linguaggio prima ancora che quello dei contenuti, come se il linguaggio potesse essere contenuto di se stesso e non semplice strumento di veicolazione di discorsi: non si può apprendere l'essere attraverso un linguaggio che non lo contiene, quindi bisogna che si cominci con un linguaggio a ritroso, tutto da inventare e che ciascuno di noi contiene dentro se stesso, o meglio nelle parti rimosse del sé. Il linguaggio, come

---

[70] Op. cit., pag. 28.

comunemente inteso, è sempre un imbroglio, un plagio, la fotografia di una cultura, la sintesi di un sistema, esso definisce i confini del senso di ogni parola, di ogni discorso, escludendo l'opposto come possibile verità alternativa. L'insegnamento di Dio, che
ci è pervenuto, per esempio, è contenuto in un linguaggio che non sempre corrisponde al vero senso,
che pertanto andrebbe indagato, esplorato, per essere
messo alla luce dello spirito dell'uomo, che quasi
sempre ignora quello che è dentro alla parola, perce-
pendone solo l'involucro esterno. Il linguaggio delle
parabole, ma anche quello biblico in generale, andrebbe riesaminato da un punto di vista esoterico, ma
ce ne è stata fornita, ad arte, solo la visione letterale
il che ha occultato, fino ad ora, la vera essenza di Dio
all'uomo e, di conseguenza, l'uomo a se stesso[71].

Lo scopo pratico dell'insegnamento di Gurdjieff è
che l'uomo, tramite una scuola o tramite un suo percorso individuale, riemerga all'essenza di sé per scoprire la sua unione al tutto, facendo un cammino, dia-
letticamente capovolto rispetto al senso comune del
modo ordinario di agire, a partire da se stesso,
dall'interno di un sistema espressivo che gli è dentro
e che gli consentirà di rendergli palese l'essenza che
gli è propria.

La differenza sostanziale tra i comuni trattati di filosofia, di psicologia, di teologia e Gurdjieff consiste

---

[71] **M. Nicoll**, *L'uomo nuovo. Interpretazione di alcune parabole
e di alcuni miracoli di Cristo*, Libreria Editrice Psiche, Torino,
1989. p. 7.

nel fatto che in quest'ultimo nulla è teorico, nulla è dogmatico, nulla è predefinito, l'invito non è a credere in un "invisibile" ma in un "visibile", il messaggio che egli trasmette è già contenuto di ogni uomo, basta che ogni uomo decida di prendere consapevolezza di ciò che egli stesso è.

Dove non c'è l'uomo nulla è, tantomeno la fede, perché quella che, in genere, si possiede è stata semplicemente trasmessa, appiccicata addosso, sin dalle età dell'innocenza dell'inconsapevolezza, non è stata cercata, non è stata elaborata, dunque non appartiene all'individuo, gli è estranea, non gli coincide, lo nega in quanto essere libero; essa è uno dei tanti io, una delle tante influenze acquisite dal mondo, che nascondono il vero io, lo atrofizzano, mimetizzando dell'essere la sua vera essenza. Una fede di cui l'uomo non è consapevole non fa onore né a lui stesso né a Dio: Dio va cercato.

DECIO FRASCADORE
Ṣue testimonianze in Amorosi (BN)

In una terra un po' avara di opere o di artisti, assurti agli onori della celebrità nella storia, se si esclude il filosofo Sebastiano Maturi, Decio Frascadore rappresenta, sia pure per via indiretta, una entità non minore. Certo non è di Amorosi, che, tuttavia, frequentò parecchio, lasciandovi, annidate, alcune preziose reliquie della sua arte, da alcuni discussa, in quanto considerata piuttosto manieristica ed artigianale. Per la verità egli prese spunto dalla grande esperienza dell'iconografia religiosa imperante nella Napoli del tempo, ma, in parte, la personalizzò, facendosene, poi, testimone nella Valle Telesina e non solo. Insomma non fu un semplice ed artigianale imitatore, alla stregua di un copista o di un plagiatore, tutt'altro. Se si va, con attenzione, scevri da pregiudizi, verso una più meticolosa e rispettosa rilettura delle sue numerose opere, se ne scopre la pregevolezza e la necessità di custodirlo meglio di come fino ad ora si sia fatto. Le tracce di sé, che il Frascadore ha lasciato, incorniciano buona parte della provincia di Benevento, molte sono le chiese depositarie delle sue tele, spesso consumate o corrose dal tempo, comunque non sempre adeguatamente conservate. Operazioni di restauro hanno cominciato timidamente a vedere la luce solo nel corso dell'ultimo ventennio, non prima che riprendessero gli studi e le ricerche su di lui e che si prendesse coscienza che alcune tele, considerate anonime o insignificanti, erano in realtà sue.

Frascadore nacque a Solopaca il 10 dicembre 1691 da Giacomo, sindaco del paese, e Cecilia Abbamondi. Visse in pieno il periodo storico e culturale a cavallo tra il Barocco e il Rococò, subendone, in ogni senso, le conseguenze nella sua formazione. Una ripresa dell'interesse verso di lui, e quindi degli studi stessi, risale al 1977 quando il professore e pittore, a sua volta, Cosimo Formichella ne tracciò un primo profilo più credibile nel suo scritto "Decio Frascadore pittore di Solopaca – 1691/1772"[72] e ne approfondì, poi, ulteriormente, la non trascurabile opera, in anni successivi, in altre sue pubblicazioni risalenti a momenti diversi degli anni '90.

Formichella afferma che "molti artisti, come il Frascadore, anche se non dotati di grande talento e, per altro verso, condizionati dai moduli iconografici dettati dalla devozione popolare sei-settecentesca, pure seppero esprimersi con vivacità e immediatezza. Contribuirono a diffondere nella Valle Telesina ed in tutta la provincia sannita il gusto della pittura della capitale del Regno, che, in quegli anni, viveva un'intensa stagione"[73].

Mi si chiederà, a questo punto, il motivo per cui si sta parlando di un artista solopachese quasi fosse un amorosino. Ma il legame c'è ed è un legame forte, vivo, denso di cultura e di significati, carico di storia, riassumibile in almeno tre secoli. Frascadore ebbe,

---

[72] In Annuario dell'ASMV, 1977.
[73] AA.VV., *Un pittore solopachese del '700, Decio Frascadore*, Ellecci stampa, Telese 2002, p.11.

infatti, contatti non marginali con Amorosi per la cui Chiesa di San Michele Arcangelo venne chiamato dall'Arciprete Giovanni Rossi, nell'anno 1723, ricevendone, poi, l'incarico di firmare la grande pala d'altare, "rappresentante S. Michele Arcangelo. Per l'iconografia, complessa e inusuale, verosimilmente, dovette avvalersi del suo dotto amico e consigliere don Odoardo Abbamondi che gli commissionerà, in seguito, importanti opere. Nel dipinto, un olio su tela, il pittore al tema dell'Arcangelo, che abbatte il drago, simboleggiante le forze del maligno, accompagna quello della redenzione, mediata dalla Madonna, che appare in alto alla destra dell'Eterno Padre, che poggia la mano protettrice sul globo terrestre. Il dipinto è stato restaurato nel 1991"[74], essendo parroco don Marino Labagnara, aggiungo io. Per gli atti relativi al restauro si rimanda direttamente allo scritto del critico d'arte Ferdinando Creta "Decio Frascadore pittore di Solopaca nel '700", contenuto nel n° 9 di "Segnali" del 1991 a pag. 14. Altre tele dello stesso autore, similari per dimensione alla pala d'altare, si trovano nella stessa chiesa, ma non risultano riconoscibili con evidenza per le numerose e malaccorte ridipinture avvenute attraverso i decenni.

Pregevoli, in maniera assoluta, sono, tuttavia, le quattordici tele relative alle stazioni della Via Crucis, di cui la bellissima Chiesa "San Michele Arcangelo" è depositaria. Esse furono realizzate nel 1757, mentre il pittore era impegnato per fare la stessa cosa per la

---

[74] Cosimo Formichella, op. cit., p. 16.

Chiesa di S. Martino Vescovo di Cerreto Sannita, queste ultime appaiono in uno stato di degrado e sei si presentano addirittura ridipinte. Quelle amorosine, restaurate, nel miglior modo possibile, in tempi recentissimi, non sono manchevoli di difetti soprattutto per quanto concerne la pellicola pittorica e il particolare gusto iconografico dell'autore, tuttavia il colore si presenta quanto mai vivo e brillante, evidenziando il progresso continuo dell'autore nell'uso delle tecniche cromatiche, che apparivano all'inizio in ritardo rispetto agli sviluppi nuovi che il 700 andava proponendo.

Cosi nel 1990 scriveva agli emigranti italiani don Marino Labagnara, parroco di Amorosi, "Grazie al contributo di alcuni milioni, erogati dalla Soprintendenza di Caserta, è stato possibile restaurare il quadro di S. Michele che troneggia sull'altare maggiore. Da notizie ufficiose sono venuto a conoscenza che la stessa Soprintendenza intenderebbe restaurare anche gli altri quadri"[75]. E ancora nel 1992 il parroco scriveva: "Lo scorso anno vi parlavo del restauro delle tele e dei dipinti della Chiesa. I lavori non sono ancora ultimati, anche perché i quadri della Via Crucis, apparentemente moderni, sono risultati essere del '700 e del pittore Frascadore. La necessità, quindi, di riportarli allo stato originale ha esigito più tempo"[76]. E' deducibile che si ignorava prima del 1992

---

[75] **L.M. Labagnara**, *Gocce d'amore, lettere del parroco inviate agli amorosini -1980/2005* – Arti Grafiche Grilli, Foggia 2006, p. 46.
[76] Op. cit., p. 53/54.

l'appartenenza di questi ultimi dipinti a un pittore parecchio rivalutato nel tempo.

Non è male avere la coscienza e la conoscenza di quanto come territorio possediamo e di ciò di cui siamo in prima persona responsabili, poiché noi stessi risultiamo depositari, nella veste di cittadini, di patrimoni, anche di valenza artistica, che hanno avuto la rara energia di forare il confine del tempo, spiccando il volo verso gli anni più lunghi e sconfinati della storia.

IL PENSIERO FILOSOFICO
DI ALBERT EINTESIN

Albert Einstein è universalmente conosciuto come matematico e fisico di valore assolutamente incommensurabile. Pochi sono quelli che gli riconoscono la natura di filosofo e di creatore di un nuovo modello di conoscenza che pervade di sé tutta la nostra epoca, Raramente egli compare nei programmi scolastici e nei manuali di Storia della filosofia. Dai professori meno attenti viene saltato anche quando egli risulta accennato fra i cosiddetti minori, meritevoli solamente di una menzione, come è accaduto ed accade, per esempio, al nostro Sebastiano Maturi, pregevole filosofo di scuola crociana, che, pure, avrebbe meritato, attraverso il tempo, maggiore attenzione. Per Einstein la "conoscenza" risulta essere l'insieme alchemico di osservazione empirica e ragionamento. Egli afferma:

«*Non ascoltate i discorsi dei fisici teorici, ma attenetevi alle loro azioni*».

La sua è una forte ammirazione per l'antica Grecia, che egli ritiene la culla dell'intera cultura occidentale. Elogia, pertanto, la geometria euclidea, che a lui appare come un esempio riuscito di:

-   Ragione;
-   Meraviglia del pensiero;
-   Sforzo della ragione.

La geometria euclidea è vista alla stregua di una dottrina delle possibilità, è una scienza fisica che trova le sue radici nell'empirismo. Ma se l'empirismo rappresenta la radice della conoscenza quale sarebbe, poi, il ruolo della ragione nella scienza? La risposta che ne scaturisce è:

- La Ragione contribuisce a creare la struttura del sistema;
- I Concetti e i Principi sono creazioni libere dello spirito umano non giustificabili a priori né con la natura dello spirito umano né in altro modo.

Prima della nascita della Relatività, si pensava che i concetti fisici venissero tirati fuori per astrazione dall'esperienza. La teoria della relatività ha, poi, dimostrato la falsità di tale concezione. Nella geometria non-euclidea si fa riferimento al campo e alle sue possibili coordinate. Ma chiediamoci:

«E' possibile trovare nel campo dell'esperienza un elemento di guida per l'inizio del percorso della conoscenza?».

La risposta è:

«L'elemento di guida esiste e possiamo trovarlo annidato in natura».

La natura, in effetti, è la realizzazione di tutto ciò che si può immaginare di più matematicamente semplice. I concetti matematici utilizzabili possono essere suggeriti dall'esperienza medesima ma non ne possono essere mai dedotti. La matematica, in tale senso, è il principio veramente creatore.

Il mondo fisico o naturale è rappresentabile in un continuum di quattro dimensioni e non di tre, come solitamente si ritiene, riconducibili alle sole altezza, larghezza e profondità. La quarta dimensione è il tempo. Per Einstein il tempo e lo spazio devono essere fusi, non possono essere separati per realizzare il "continuum". La teoria della relatività modifica profondamente le leggi della meccanica classica della geometria euclidea: la velocità di una particella in moto si avvicina a quella della luce. Le nuove leggi, dunque, risultano conformate tutte dagli esperimenti tramite i quali può essere rilevato l'intimo legame tra massa ed energia: la massa è energia e l'energia possiede massa. Le due leggi della meccanica classica vengono fuse dalla teoria della relatività e danno luogo all'unica legge della conservazione della massa-energia. Il tempo, per esempio, è relativo a un sistema di riferimento tanto che per giudicare la posizione degli uomini in una città ci sono le strade, le piazze, e via dicendo. Insomma per potere descrivere qualunque posizione è necessario che esista un sistema di coordinate. Nella meccanica classica mancava un sistema di riferimento per stabilire la posizione di un punto materiale rispetto ad un suo sistema. Sempre in riferimento al tempo, nella Fisica classica esisteva uno stesso orologio per tutti i sistemi di coordinate. Se le coordinate vengono cambiate il tempo non risulta essere più uguale. E, in effetti, due eventi simultanei in un sistema di coordinate possono non essere simultanei in altre coordinate. Gli orologi e i regoli, quando sono in moto, cambiano con la velocità, afferma la teoria della relatività. Nella fisica classica è l'opposto sia che essi siano in moto o in stato di riposo. Per Einstein la meccanica classica vale ancora per le velocità piccole. Infatti, a mano a mano che si arriva alla velocità della luce il tempo e lo spazio cambiano completamente. Nella fisica classica quanto maggiore è la massa tanto più forte è la resistenza e viceversa. Nella teoria della relatività la resistenza è tanto più forte quanto maggiori sono la massa di riposo e la velocità. La resistenza diventa infinitamente grande quando la velocità raggiunge quella della luce. Un corpo in riposo possiede massa ma non energia cinetica. Un corpo in movimento possiede l'una e l'altra e accresce la sua resistenza. In questo senso un corpo di ferro caldo pesa più di quello freddo, perché unisce alla massa l'energia, perdendo, nel tempo, la massa. Insomma, l'energia si comporta come la materia, pertanto il nostro mondo è caratterizzato dalle masse e dalle loro velocità.

Per concludere, la fede in un mondo esterno, indipendentemente da ogni individuo che lo esplora, è alla base di ogni scienza della natura. I sensi, tuttavia danno solamente indizi indiretti sul reale fisico, quest'ultimo, quindi, può essere afferrato per via speculativa tanto che le nostre concezioni del momento non possono mai essere ritenute definitive. Le idee, secondo Einstein, sono riferibili alle esperienze dei sensi, ma non possono essere attivate direttamente, poiché non sono insite nella natura, si deduce che l'a priori di Kant non è neppure lontanamente concepibile.

OLINDA
città spazio, città tempo, città spirito

Questo afferma Italo Calvino in **"Le città invisibi-li"**, uno dei suoi romanzi più celebri:

«A Olinda, chi ci va con una lente e cerca con attenzione può trovare da qualche parte un punto non più grande d'una capocchia di spillo che a guardarlo un po' ingrandito ci si vede dentro i tetti le antenne i lucernari i giardini le vasche, gli striscioni attraverso le vie, i chioschi nelle piazze, il campo per le corse dei cavalli. Quel punto non resta lì: dopo un anno lo si trova grande come un mezzo limone, poi come un fungo porcino, poi come un piatto da minestra. Ed ecco che diventa una città a grandezza naturale, racchiusa dentro la città di prima: una nuova città che si fa largo in mezzo alla città di prima e la spinge verso il fuori. Olinda non è certo la sola città a crescere in cerchi concentrici, come i tronchi degli alberi che ogni anno aumentano d'un giro. Ma alle altre città resta nel mezzo la vecchia cerchia delle mura stretta stretta, da cui spuntano rinsecchiti i campanili le torri i tetti d'embrici le cupole, mentre i quartieri nuovi si spanciano intorno come da una cintura che si slaccia. A Olinda no: le vecchie mura si dilatano portandosi con sé i quartieri antichi, ingranditi mantenendo le proporzioni su un più largo orizzonte ai confini della città; essi circondano i quartieri un po' meno vecchi, pure cresciuti di perimetro e assottigliati per far posto a quelli più recenti che premono da dentro; e così via fino al cuore della

città: un'Olinda tutta nuova che nelle sue dimensioni ridotte conserva i tratti e il flusso di linfa della prima Olinda e di tutte le Olinde che sono spuntate una dall'altra; e dentro a questo cerchio più interno già spuntano - ma è difficile distinguerle - l'Olinda ventura e quelle che cresceranno in seguito».

Le parole del grande scrittore attraversano, come una lama l'anima dell'uomo contemporaneo e feriscono tanto la mia da indurla a pensare profondamente, a pensare in un modo migliore e diverso, a pensarmi insomma. Chi è, in realtà, Olinda? Di certo non è riferibile alla splendida località brasiliana. Se non quest'ultima, dunque, chi sta a rappresentare Olinda? Che rapporto si può riscontrare tra la stessa, l'uomo e la città contemporanei? La città-simbolo, evocata da Italo Calvino in "Le città invisibili, è il luogo, un luogo, il punto di partenza, il punto di arrivo di sempre. Olinda è la spirale del tempo, è l'architettura della terra, di questo mondo. Non c'è punto di quanto esiste che non contenga questo punto, è il punto generatore di tanti altri punti, uno sempre più grande intorno a quello più piccolo e così all'infinito. Nell'Olinda di oggi, a guardare con attenzione, si possono distinguere le diverse fasi del suo farsi e disfarsi, del suo crescere ed estendersi, ma anche del suo differenziarsi di tempo in tempo, di luogo in luogo, di popolo in popolo, di generazione in generazione, di civiltà in civiltà: ognuna delle sue fasi è rigenerabile a partire da quanto era un punto estremamente piccolo, quasi invisibile, fino all'estrema estensione e complessità dell'oggi. E' il tempo che genera il tempo, è lo spazio che genera lo spazio, è la città che genera la città, è la città che genera l'uomo stesso e ne definisce in modo estremo i confini sia di tempo che di spazio, ma anche i confini del pensiero e dell'essere. Di Olinda ce ne sono parecchie nell'interezza dello spazio, esse sono diverse ed uguali e, mentre ognuna genera e rigenera se stessa, si generano e rigenerano insieme, si riflettono, in maniera speculare, negli stessi schemi, negli stessi simboli, ubbidiscono alle stesse leggi della piazza, della strada, delle case, dei tetti, dei camini, dei lucernari, delle vasche: simboli questi che si ripetono e si rinnovano e rinnovano, ripetendolo, l'uomo che con tali simboli convive. A radiografare Olinda, si ha la possibilità di vedere nel nuovo gli scheletri rinsecchiti del passato, si ha quindi l'allucinante possibilità di vedere il proprio scheletro, di vedersi come scheletro. In alcune Olinde tale passato rimane confinato come in un limbo distinguibile al centro di tanti altri confini, che si allargano, di volta in volta, intorno al primo; in altre, estendendosi esse nel tempo, nuove strutture si mescolano alle vecchie, stritolandole, soffocandole fra nuove immagini, fra nuovi schemi, fra nuove strutture, con nuovi materiali e alchimie edilizie ed urbanistiche. Olinda, di per sé, ha il pregio di rispettare gli scheletri del primo cerchio e di confinarli, come tali, in un tempo indefinito, ma come scheletri. Olinda è il luogo proiettato nel tempo, è il luogo che contiene passato e presente e prefigura il futuro. Non c'è futuro se non come passato che si ripete. Olinda è l'eternità di tempo e di spazio, è l'eternità dell'evolversi apparente di cultura e di civiltà. Olinda è la città, che nasce dalla grotta primitiva e diventa palafitta e villaggio, poi metropoli, infine megalopoli, forse poi città galattica, e così via. Olinda è il luogo di vita dell'uomo, Olinda è il recinto, è il pascolo in cui spazio e tempo si confondono, mentre si intrecciano al pensiero, alle azioni, ai sentimenti e alle passioni, alle emozioni. Olinda è l'emblema più estremo dell'esistenza dove corpo e spirito dell'uomo diventano materia e mercato del vivere, dove l'uomo medesimo diventa pietra fra le pietre, struttura dentro alle strutture della città. Olinda è lo spazio-recinto, è lo spazio creante, ma anche limitante, a volte soffocante, inibente l' identità, è aborto e mortificazione dei sentimenti e degli orizzonti senza limiti possibili. Olinda è la potenza dell'uomo che diventa potere, ma ne è anche il limite: in Olinda l'uomo nega a se stesso la possibilità di sfondare i limiti del finito.

"Lente", "tetti", "antenne", "vasche", "striscioni", "vie", "chiostri", "piazze" sono parole del nostro tempo, linguaggio del nostro tempo, chi le usa è uomo, è scrittore del nostro tempo, è contemporaneo, ma la cui mente è proiettata contemporaneamente nel passato e nel futuro. Lo spirito incalzante, che emerge dal racconto, è spirito del nostro tempo, o di un tempo a noi molto vicino, insomma non molto lontano. Il realismo descrittivo è riconoscibile fra le pieghe narrative ed è realismo del nostro tempo, realismo del 900, forse neorealismo, ma di una fase più avanzata, più matura di se stesso in quanto tinteggiato di aspetti surrealistici, quasi fantastici: emerge dall'insieme la visione critica, oserei dire drammatica, dell'angoscia esistenziale del nostro tempo che attanaglia l'uomo intelligente, lo chiude in un labirinto di schemi, di finzioni di libertà e lo fa sentire emarginato dagli altri e da se stesso, lo fa sentire un punto smarrito nel tempo e nello spazio, un'astronave senza meta, senza pilota, un giocattolo nelle mani della storia, che ripete se stessa, ripetendo le logiche di sempre nelle apparenti mutazioni della "cosiddetta Olinda". Olinda è il centro-storico di tale uomo e in questo tempo, è l'emblema della sua stessa anima, del suo spirito, della sua identità rinsecchiti negli anni, scheletriti fra muri di cemento e strade lastricate di asfalto, fra antenne che scrutano e interpretano, e grattacieli, alcuni più alti di altri, altri alti fino al cielo, irraggiungibili, e, poi, case piccole-piccole, minuscole, invisibili, impercettibili, emarginate negli sconfinati deserti delle periferie, soffocate dallo smog e dai rifiuti di Olinda.

Nel testo di Calvino[77] tendono a prevalere la ricerca teorica e il gusto per un sottile gioco dell'intelletto. Alcuni elementi fanno emergere con evidenza estrema, da parte dell'autore, un solido legame con la realtà, da cui scaturisce, nel contempo, una incredibile fedeltà alla ricerca razionale e all'impegno di riflessione su tutta la storia dell'uomo. Questa visione realistica del mondo convive con il piacere e il divertimento del fantasticare e con l'esercizio in cui la mente per intero si mette in gioco, ma che non si

---

[77] Posto in premessa di questo mio breve saggio.

conclude in un gioco di vacua o sofisticata intellettualità. E' un invito continuo e misurato a riflettere con maggiore acume intellettivo sull'uomo e sui grandi misteri del mondo e della vita, della società, ma evitando, nel contempo, il rischio possibile, come spesso nella letteratura accade, di cadere, di crollare nell'inutile astrattezza o nell'esasperazione di una ragione che non è più se stessa. Lo stile dell'esposizione appare sempre coerente, limpido ed elegante, tale da essere in ogni momento illuminante nelle diverse sfaccettature del testo, le quali, in alcuni frammenti, diventano esasperatamente analitiche e descrittive nel tentativo di cogliere le situazioni e le atmosfere a volte fantastiche e surreali. La sintassi è molto semplice, chiara, lineare, puntuale, rispetto al contesto; il linguaggio è attento alle sfumature dei significati, degli aspetti più minuti, più semplici e più immediati del racconto.

Insomma tutto il testo sembra essere attraversato da motivi sia di tono realistico che fantastico, che continuamente si intrecciano e si fondono fino a rendere meno crude e innocenti le tragedie della vita: l'incapsulamento dell'uomo in una grande sfera di cristallo e la sua perduta libertà, lo smarrimento nel vedersi vagare in un mondo, in una città, in una Olinda incomprensibile, non a dimensione dell'uomo stesso, perduto nel vuoto ontologico. Il testo sembra avere in alcuni punti in particolare una strana analogia tematica con il film "2001: Odissea nello spazio" di Stanley Kubrick.

L'AVVENIRE DI UN'ILLUSIONE NELLA CONCEZIONE DI S. FREUD

Il breve ma incisivo e molto dibattuto saggio **"L'avvenire di un illusione"** appartiene all'ultimo periodo degli scritti **di S. Freud.** Composto tra la primavera e l'estate del 1927 rappresenta il tentativo di applicazione del sistema interpretativo della psicoanalisi ai processi sociali delle civiltà, onde poterne individuare i fondamentali nodi di carattere nevrotico dovuti alle culture e alle religioni.

Secondo Freud la Civiltà in quanto tale è, sul piano della realtà personale, un peso per l'individuo perché:

- Ne impedisce le pulsioni aggressive che appartengono alla sua prima natura;

- Lo rende servo di una élite dirigente che sta all'origine dell'impiantazione degli Stati, delle leggi e delle regole ad essi connesse.

Ma nello stesso tempo la civiltà è utile all'individuo perché:

- Lo libera dai pericoli sempre incombenti dello Stato di natura, basato sulla legge primordiale del più forte;

- Lo conduce per mano verso il progresso sociale, culturale, politico, tecnico e scientifico;
- Gli costruisce intorno la pace prodotta dallo Stato di diritto. Le masse degli individui, prese a se stanti, sono pigre, sono svogliate, non amano il lavoro e sono sfrenate, perché spinte dai desideri ludici delle pulsioni. Esse per essere regolamentate, nel loro agire naturale, hanno bisogno di uomini forti, di leaders, di guide attraverso le quali possano riconoscere il valore di un indirizzo di vita fondato sui regolamenti dei diritti e dei doveri.

E' a partire da questi principi che sono nate le prime forme di civiltà, che, guidate da particolari tipi di uomini, hanno condotto le masse verso l'inibizione delle pulsioni primordiali e l'elevazione verso le culture sociali e le morali religiose.

L'imperativo della morale sociale sta sempre di più avvicinando gli uomini all'interiorizzazione e alla normalizzazione dei processi di aggregazione dei contenuti nel tessuto basilare delle moderne civiltà: a mano a mano che si rafforza il potere del Super-Io contemporaneamente si estendono nelle masse i processi di normalizzazione dell'inibizione delle pulsioni primarie e secondarie dell'individuo. In questo processo continuo e inarrestabile di elevazione sociale è stato, in un certo modo, più facile liberare l'uomo dalle pulsioni primarie del cannibalismo, dell'incesto e dell'omicidio, di cui, tuttavia permangono i desideri latenti, di per sé inamovibili e che, spesso, esplodono dall'inconscio attraverso il sogno; più complicato, invece, è apparso sempre agli uomini sganciarsi dalle pulsioni secondarie, quelle legate all'esercizio della sessualità, all'egoismo, all'avidità, all'arroganza, alla superbia, alla smania di potere e di successo economico, politico, culturale, che sono poi la base scatenante delle malattie sociali della condizione dell'uomo oggi. In ogni caso gli ideali, cioè le infrastrutture morali e culturali di una qualsiasi civiltà, in ogni tempo, sono stati quasi sempre i punti di contrasto, spesso insanabili, tra le classi sociali e tra civiltà o Stati diversi. E' certo che gli impedimenti delle morali civili spesso inducono alla inibizione di pulsioni fondamentali più in alcuni individui che in altri, più in alcune classi sociali che in altre, più in alcuni Stati che in altri. Fra tutte le culture e le tecniche prodotte dalle civiltà, in ogni tempo e in ogni luogo, pare che l'unica capace di unificare gli spiriti invece che inibirli sia l'arte, perché essa è lo strumento più legato alla sublimazione, attraverso atti simbolici, delle pulsioni primarie dell'individuo: insomma l'arte avvicina l'individuo alle sue stesse pulsioni attraverso positivi e incisivi atti di istantanea realizzazione dei desideri, quasi come avviene in altri modi e con altri complicati processi nel sogno[78]. Se la civiltà oggi è dominante sulla natura[79], essa, per altri aspetti, non ha eliminato del tutto la natura, che si rende quotidianamente presente attraverso l'improvviso esplodere di pulsioni rimosse, che rap-

---

[78] Vedi *"L'Interpretazione dei sogni"*.
[79] Vedi i vari sistemi di controllo e di censura delle pulsioni: Stati, religioni, culture, morali, ecc.

presentano, poi, lo stato latente della vita quotidiana della quale, per l'appunto, risultano ineliminabili i conflitti di ogni genere benché i potenti sistemi di controllo delle pulsioni ad opera degli organismi preposti e un attimo prima ricordati. E' indubbio, come molti pensano ed obiettano alle teorie freudiane, che, nel rapporto natura-destino-dio, dio ha il potere di:

- Esorcizzare la natura;
- Riconciliare l'uomo con il destino della morte, promettendogli la vita eterna;
- Risarcire per le sofferenze della vita nel mondo;
- Divinizzare le norme civili e di metterle al di sopra anche dell'uomo più potente;
- Volgere la natura, i cui meccanismi egli stesso crea e poi governa, a vantaggio dell'uomo;
- Personificare, infine, la natura in Dio-Padre stesso. Ed è stata questa la grande vittoria del popolo ebreo, quella di avere creato l'immagine del Dio padre, del Dio che protegge, del dio che promette la liberazione dalla schiavitù, del dio a cui ogni uomo si affida come un bambino al padre o alla madre. Fin qui l'immagine positiva della religione rispetto all'uomo che, fiducioso, vi si affida anima e corpo, considerando anche il superamento notevole che la religiosità nel Dio-Padre unico ha rappresentato rispetto al superamento delle culture totemiche. Ma quale potrebbe essere l'eventuale punto di contrasto o di con-

traddizione, rispetto alla mente dell'individuo e alla sua reale libertà psichica? E' ovvio che l'individuo che si affida a Dio è destinato a rimanere per sempre bambino, poiché in perpetua attesa di soluzioni a sue domande fondamentali, che vengono da Dio: del resto è il bambino che cerca tutte le risposte ai suoi dubbi nei genitori. Il desiderio avvertito di Dio, pertanto, è legato al desiderio profondo e per certi aspetti inevitabile di protezione. E' proprio questo desiderio che sta a rappresentare in maniera evidente il segno tangibile dell'impotenza dell'uomo rispetto alla natura. Cosa comunica, dunque la religiosità all'uomo? La religiosità all'uomo comunica quelle cose che l'uomo non riesce a trovare da solo dentro se stesso o nel mondo che lo circonda. Si può dedurre che il sapiente autentico è colui che riesce a trovare in se stesso le risposte ai perché provenienti dalle situazioni di mistero che la vita, il mondo, l'universo presentano. La cultura quindi è la ricerca del sapere tramite l'impegno nel trovare le risposte agli eventi ed ai fenomeni che legano la vita dell'uomo alla Terra. E' subito deducibile l'assunto che la vera conoscenza è quella che sorge spontanea dallo stupore di trovarsi finalmente davanti l'oggetto desiderato. Il racconto di un oggetto/evento ad opera di altri ci dà dello stesso oggetto/evento della pulsione di desiderio latente solo una parvenza di conoscenza mescolata al dubbio[80]. Ma vediamo dunque su quali pretese si fonda la credibilità delle fedi religiose:

- Sono vere perché vi avevano creduto gli antenati;
- La loro veridicità è confermata da documenti scritti trasmessi dagli antenati;
- E' praticamente impossibile mettere in atto meccanismi della loro convalida, sono cioè credibili in quanto tali. Secondo Freud ciascuna delle tre pretese contiene in sé il principio dell'assurdità e ciascuna fa scattare automatici contro-quesiti: come potevano essere più colti di noi gli antichi, la cui cultura aveva fondamenti pre-intuitivi, intuitivi, magici, comunque prescientifici? Inoltre come possiamo prendere per vero assoluto quello che è nei contenuti delle loro esperienze scritte ma fuori della nostra esperienza? E infine come si può pretendere di credere in quanto vero ciò che non solo è indimostrabile, ma si pone addirittura il divieto morale di poterlo dimostrare? Ne consegue che il contenuto di una fede altro non può essere che il dubbio permanente sulla dimostrabilità dell'oggetto medesimo della fede. Se proprio si volesse dimostrare la fede meglio sarebbe guardarsi intorno nel mondo di oggi piuttosto che affidarsi a presunte esperienze di uomini e civiltà del passato. Ma i fautori del credere per fede

---

[80] È la situazione di chi ha sempre sentito parlare della cappella Sistina senza averla mai vista.

affermano cose che contengono il dubbio nelle affermazioni stesse. Vediamone qualcuna:

- Affermano i padri della Chiesa "Credo quia absurdum", come dire che le prove della fede si sottraggono di per sé alla ragione e sono credibili di per sé;

- Certa filosofia e certi filosofi fondano il credo sull'affermazione categorica del "Come se...": comportarsi come se tali affermazioni fossero vere. Ma la verità è che le risposte religiose sono pure illusioni di appagamento che l'individuo dà ad antiche domande su desideri molto sentiti e che si traducono immediatamente in dogmi: per esempio la fede nella Provvidenza colma l'angoscia di fronte ai pericoli insormontabili tramite la ragione e di conseguenza di fronte ai misteri della morte, della vita eterna, dell'origine dell'universo e della vita, e via dicendo. Certamente l'illusione di per sé non costituisce per assoluto un errore, anzi essa rappresenta spesso un mezzo di avvicinamento alle risposte provenienti dall'angoscioso gioco dei perché dell'umanità di tutti i tempi di fronte agli insormontabili misteri della vita. Vista così l'illusione ha una incredibile somiglianza con il fenomeno dei "deliri psichiatrici", ma presenta anche delle profondissime differenze:

- L'illusione può, poi, trovare anche una qualche corrispondenza con la realtà;

- Il delirio contraddice sempre la realtà. In sintesi si può affermare che l'illusione è una credenza che, sul piano della realtà, appaga comunque un desiderio. Si deduce, volendo fare un piccolo consuntivo di quanto fin qui affermato, che la vera irreligiosità non risiede nel "non credere" in un evento di carattere religioso, ma nel rinunciare al "possibile cammino" che ogni uomo può compiere verso la conoscenza. Gli oppositori più convinti delle teorie freudiane affermano che non si può non riconoscere che le fondamenta della civiltà umana sono impiantate in modo solido nelle religioni. Minare queste alla base significa seppellire in un solo istante un intero patrimonio di conoscenze e di atteggiamenti consolidatisi nel tempo e nelle tradizioni della maggior parte dei popoli e delle civiltà del pianeta. Ma come risponde a queste certezze la psicoanalisi? La psicoanalisi, che ha il valore di una scienza sperimentale, identifica, senza ombra di dubbio, sia Dio che le religioni nella maschera che l'individuo pone davanti all'impotenza delle capacità di conoscere e di conoscersi: sono essi la base scatenante dei fenomeni culturali dei processi di inibizione delle pulsioni primarie dell'individuo. La metodologia diagnostica della psicoanalisi è talmente incisiva e radicale che potrebbe essere usata da colui che crede per fede, per potere affermare scientificamente se ciò in cui crede è vero veramente, ma per avere questo possibile risultato deve fare la prova del mettersi a confronto con gli strumenti reali della conoscenza. Ai detrattori più accaniti della psicoanalisi bisognerebbe chiedere:

- Se la religiosità di per sé è in grado di correggere i problemi degli uomini, dei popoli e delle civiltà, perché essa non è nello stesso modo in grado di correggere i problemi di ogni singolo uomo, di ogni singolo popolo, di ogni singola civiltà?

- Perché anche in chi crede si rende presente la patologia dell'infelicità?

- Perché anche chi crede vive drammaticamente e problematicamente la vita?

- Perché anche in chi crede si manifesta la sofferenza dell'impossibilità di dare luogo a pulsioni di desideri avvertiti con forza in conseguenza di restrizioni prodotte da imperativi morali?

Essi rispondono che: in alcuni casi, da considerare limite e al di fuori dei confini reali della fede, la fede stessa viene vissuta in maniera esteriore, interpretata come un insieme di pratiche da eseguire, vissute come una legge imposta e non avvertita dallo spirito interiore che si dibatte quindi fra le contraddizioni che producono inconclusioni anche sul piano della vita personale. E' fuori di dubbio che, al di là delle opposte opinioni, il nesso Civiltà-Religione oggi andrebbe profondamente rivisitato e rivisto alla luce dei grandi progressi delle scienze sperimentali. Con quelli religiosi anche gli ordinamenti civili andrebbero liberati da quanto di teocratico ancora contengono, finendo per legare le masse a rapporti di pura dipendenza e di passiva assuefazione. In questa direzione la cultura consolidata del rapporto di supina accettazione di Dio da parte dell'uomo si ripete nel rapporto Stato-cittadino. Il comando o imperativo categorico "Non uccidere" simulato poi in modo illusorio nelle religioni, deriva dal ricordo ancestrale di una "vera uccisione" di un padre-capo, che si è poi oralmente ripetuta nella storia. Questo episodio di liberazione omicida di una pulsione ha finito per diventare un desiderio rimosso dell'umanità che si è ripetuto in tutte le fasi successive della storia medesima. Tale rimosso, oggi, potrebbe essere studiato, analizzato ed eliminato dai processi psicoanalitici. Dentro questa visione delle cose la religione assumerebbe il ruolo di contenitore delle nevrosi ossessive universali dell'intera umanità. In questo senso, per colui che è religioso, le nevrosi individuali vengono giustificate nell'ampio patrimonio delle nevrosi collettive. I dogmi religiosi non sarebbero altro che la risultanza di "relitti nevrotici" accumulatisi in maniera collettiva nel cammino della storia dell'umanità. Le religioni e i loro dogmi sono il travestimento fantastico di pulsioni di desideri rimossi. E' noto che gli insegnamenti delle dottrine religiose vengono impartiti in un'età che il bambino non può capire, il che produce subito in lui il blocco delle fondamentali pulsioni. Egli non arriverà mai più ad esprimersi pienamente e spontaneamente, accumulando subito un vasto campo di nevrosi che avrà una sostanziale incidenza nella sua vita di adulto: si pensi un po' alla pulsione legata alla sessualità infantile, che rimane subito bloccata e incanalata in certe disposizioni morali finalizzate all'attività riproduttiva. Opportuno sarebbe, giunti a questo punto, fare almeno il tentativo di un nuovo percorso dell'educazione del bambino caratterizzato dalla "irreligiosità". Infatti perché l'individuo smetta di essere bambino, richiede che egli venga educato sin dai primi vagiti al senso della realtà. E a proposito della nascita di un nuovo indirizzo dell'educazione della persona si ricordi che la scienza, al contrario della religione e degli imperativi morali, non è una illusione.

IL SISTEMA DELLA CONOSCENZA
IN S. FREUD

Sigmund Freud fonda la scienza dell'irrazionale, continuando, in un certo modo, l'opera che era già stata di Copernico[81] e di K. Marx[82]. Egli attacca la coscienza dell'uomo intesa quale dato estraneo della consapevolezza psichica, aprendo alla fascinosa teoria che tutto ciò di cui siamo consapevoli è irreale, poiché quello che è reale sfugge alla nostra coscienza. Il problema gnoseologico, che era stato sempre dominio incontrastato del pensiero filosofico, entra nella psicoanalisi, disciplina atta a sondare il mondo nascosto dell'interiorità dell'uomo. Freud compie per primo il tentativo di dimostrare, in maniera empirica, e non per vie magiche o alchemiche, come agiscono i processi inconsci e come gli stessi sono analizzabili, distinguendo ciò che è apparente da ciò che è reale. Ne scaturisce anche un concetto nuovo di "onestà" basato sulla conoscenza di ciò che si appiattisce dietro la coscienza e denuncia la tipica "ipocrisia" della cosiddetta rispettabilità borghese. La domanda di rito che ci si comincia a porre da Freud in poi è: «Chi sei tu dietro te stesso?». L'inconscio, in effetti, è il concetto rivoluzionario che Freud porta nella psicoanalisi in particolare, nella psicologia in generale e, aggiungo, nella nuova metodologia della conoscenza. Egli afferma che l'inconscio deve essere accettato

---

[81] Rivoluzione all'interno dell'inconscio planetario: svela il modo irreale di vedere il sistema universale.

[82] Rivoluzione all'interno dell'inconscio sociale: il proletariato.

come base generale della vita psichica[83]: esso è il cerchio maggiore e racchiude dentro di sé quello minore del "conscio". L'inconscio è, in quanto tale, lo "psichico reale", sconosciuto nella sua natura quanto la realtà del mondo esterno. La psiche è l'inconscio e nella sua parte superiore c'è il conscio. Anche il mondo esterno ci viene portato tramite il travisamento dei sensi. In riferimento al "Cogito, ergo sum" di Cartesio il cogito freudiano corrisponde all'inconscio e non tutto il contrario. Il suo pensiero rappresenta l'elemento di scandalo nella cultura del tempo, produce aberrazione addirittura nei benpensanti quando si scende nel trasgressivo tema della "sessualità infantile".

Freud afferma che ha avuto bisogno di ricorrere ad alcuni illustri predecessori per costruire l'impalcatura fondamentale del suo pensiero:

- Leibniz per avere fatto riferimento alla parte chiara e a quella scura della monade;
- Schopenauer per avere parlato di volontà inconscia, irrazionale di vivere;
- Schelling per avere affermato che la pietra appare inerte, perché essa è uno spirito addormentato che tende alla coscienza.

Secondo il nostro autore la psiche può essere rappresentata come divisa in tre luoghi:

---

[83] In "L'interpretazione dei sogni".

- L'Es, pronome neutro, indice di inconoscibilità, sta a rappresentare tutto quanto è ereditato o acquisito con la nascita, gli istinti trovano qui la prima espressione sconosciuta nelle sue forme;
- L'Io è il mediatore tra l'Es e il mondo esterno tra il principio del piacere ed il principio della realtà: il principio del piacere appaga il soggetto nei suoi bisogni in modo immediato (fame, sete, ecc.); il principio della realtà fa soddisfare i bisogni del soggetto non immediatamente, ma tramite la mediazione del mondo esterno. E' questo un modo per controllare il principio del piacere. A questo mirano i processi educativi. Tali principi hanno contribuito alla nascita ed allo sviluppo delle civiltà ma hanno distrutto l'uomo, o meglio dire la verità dell'uomo in quanto tale, in quanto essenza. I fatti legati ai fenomeni di violenza sono spiegabili dalla psicoanalisi dentro a questo passaggio: affioramento dell'Es sul principio di realtà.
- Il Super Io è rappresentato dall'insieme delle norme morali trasmesse dai genitori, dagli insegnanti, dagli educatori religiosi e via dicendo. Tali norme esercitano sull'Io una pressione e una coercizione tali che finiscono per il diventare "introiezione psichica" vera e propria.

L'Es, l'Io e il Super Io sono dinamicamente in rapporto tra di loro e possono entrare in conflitto: il conflitto non risolto produce la "nevrosi", prevalendo la forza dell'Es sul Super Io. L'Es, per la verità, tenta continuamente di emergere per potersi realizzare, liberandosi dalle coercizioni morali, culturali, sociali, religiose, e chi più ne ha più ne metta. La "crisi psichica" indebolisce la psiche medesima e aiuta l'Es a venire a galla, producendo atteggiamenti patologici[84]. Secondo Freud esiste la logica della Ragione che controlla l'Es, ma esiste anche la logica dell'inconscio che è completamente diversa e si controlla nell'attività onirica del sogno. Tra i grandi temi emersi[85] dominanti sono quelli relativi ai cosiddetti complessi di Edipo e di Elettra:

- Il complesso di Edipo: rappresenta il principio di odio per il padre e di amore per la madre nel corso dello sviluppo psico-sessuale dell'individuo. Per la sua impiantazione l'Autore prende ispirazione da Edipo, eroe della mitologia greca, figlio di Laio, re di Tebe e di Giocasta. Il padre, preavvisato dall'Oracolo che il figlio lo avrebbe ucciso e avrebbe sposato la madre, per sfuggire al fatale destino, fa esporre Edipo sul Citerone. Ma questi si salva e cresce, ignaro della sua famiglia di provenienza. Incontratosi un giorno, per puro casso, con Laio, lo uccide. Giunto a Tebe, libera la madre dalla Sfinge, rispondendo a un quesito che questa gli poneva. Pere meriti acquisiti, viene eletto re di

---

[84] Psicopatologia della vita quotidiana, lapsus, ecc. ecc.
[85] Grazie alla fondazione della psicoanalisi.

Tebe e sposa Giocasta. Spinto, poi, dall'Oracolo a cercare l'uccisore di Laio, primo marito di Giocasta, scopre l'atroce verità di avere ucciso lui il padre e di essersi carnalmente congiunto alla madre, quindi si uccide;

- Il complesso di Elettra[86] è la controparte femminile del complesso di Edipo: la bambina prova una forte attrazione verso suo padre e vive la madre come una rivale. Young colma il vuoto lasciato da Freud in questo settore dell'evoluzione dell'individuo, prendendo spunto dal mito greco di Elettra, figlia di Agamennone e di Clitennestra. Quest'ultima, con il suo amante Egisto, aveva ucciso il marito Agamennone. Elettra, scoperto il crimine, spinse il fratello Oreste, dopo averlo salvato, a vendicare il padre, uccidendo madre e amante.

Alla base di tutto il sistema, che conduce, poi, sia al complesso di Edipo[87] che a quello di Elettra e di castrazione[88], c'è il concetto di "libido". La libido è una energia pratica diffusa in tutto l'organismo e che, di età in età, si concentra in una particolare zona del corpo, che diventa "zona erogena". Tale fenomeno si va manifestando attraverso diverse fasi:

---

[86] Introdotto successivamente da **Young**.
[87] **Freud**.
[88] **Young**.

- Fase orale: corrisponde al primo anno di vita dell'individuo e presiede le prime fasi dell'alimentazione e dell'esplorazione del proprio corpo e di quanto vi è in prossimità;
- Fase anale-uretrale: corrisponde al secondo anno di vita e presiede il controllo degli sfinteri;
- Fase fallica: comprende il terzo anno di vita e coincide con il complesso di Edipo, che si manifesta con l'odio per il padre e l'amore per la madre;
- Fase della tipizzazione sessuale: comincia a manifestarsi a partire dal quinto anno. Nel corso di questa complessissima fase, detta anche dell'introiezione, il maschio si identifica nel padre, espelle quindi la madre; il contrario avviene per la femmina. Inizia così il periodo della latenza durante il quale il bambino colma il conflitto aperto con il complesso di Edipo[89], perché comincia ad acquisire la sua "normalità di ruolo", liberandosi del pericolo di castrazione ad opera del padre o della madre, se si parla della femmina. Durante il periodo di latenza, caratterizzata da pace e da tranquillità, il bambino va scoprendo il mondo, la cultura, i rapporti sociali;
- Fase puberale: ritorna prepotentemente il problema della libido unitamente al problema della crescita corporea, che caratterizzerà l'intero periodo della preadolescenza e

---

[89] Di Elettra per la bambina.

dell'adolescenza. Si andranno evidenziando nell'uomo e nella donna le caratteristiche tipiche e le funzionalità dei rispettivi organi legati all'esercizio della sessualità;

- Fase genitale: coincide con il periodo della giovinezza durante il quale andranno manifestandosi tutte le conseguenze positive o negative delle esperienze vissute ed introiettate durante la fase edipica[90].

---

[90] E di Elettra.

IL VERO SENSO DEL DIALOGO
IN CESARE PAVESE

"Orfeo: Io cercavo, piangendo, non più lei ma me stesso. Un destino, se vuoi. Mi ascoltavo. [...] Ho cercato me stesso. Non si cerca che questo"[91].

In un dialogo l'elemento centrale è sempre la persona che, nel contempo, parla e ascolta; l'altro, che è di fronte, è un veicolo per parlarsi e ascoltarsi; un dialogo apre a tutta l'interiorità dell'individuo e lo pone a confronto con se stesso. Il dialogo guida ognuno di noi verso la vera conoscenza che non è mai sganciata dal "sapersi", dall'essere consapevoli di essere. Anche il dialogo con Dio[92] è, in effetti, un dialogo con se stessi, con la parte recondita, mimetizzata di se stessi, la parte incontaminata di percezioni storico-culturali-religiose-politiche e etiche di vario tipo. Dialogare con Dio è mettersi a confronto con se stessi, con le proprie forze e debolezze, con le proprie responsabilità e irresponsabilità: Dio è un fatto dell'uomo, quindi è legato all'uomo, è nell'intimità dell'uomo. E' l'uomo che, tramite le sue azioni, manda a se stesso il meglio e il peggio, egli è il vero artefice del suo destino, egli realizza il Dio che è in

---

[91] In **Cesare Pavese**, "*Dialoghi con Leucò*", Einaudi, Torino, 1947.
[92] Questo non ce lo hanno fatto mai capire veramente.

lui o lo abortisce o lo ignora o lo attribuisce ad altri esseri, altri luoghi, altri miti.

Nei dialoghi con Leucò Pavese si mette alla ricerca non del mito, ma del mitico che è nell'essere umano e compie il tentativo di metterlo in luce attraverso la metafora dei due che parlano: ma "i due" altro non sono che le due componenti dell'io, quello vero e quello falso. Il dialogo con se stessi ha il potere di scoprire la maschera e rimuoverla, ha il potere di ricondurre l'uomo all'uomo, di ridonargli il sapore del mito che in lui stesso alberga e dargli le ali per potere volare nel mondo e oltre il mondo. Il dialogo dell'uomo con l'uomo è il viaggio verso il centro dell'essere, è il cammino verso l'io[93], è la spinta verso il raggiungimento di quell'equilibrio interiore capace di liberare la persona dal dominio o dalla schiavitù delle impressioni. Le impressioni, a loro volta, sono quello di cui la storia, la cultura, i modelli contaminano la purezza primitiva dell'essere umano, quella purezza in cui risiede il centro, il luogo in cui è depositato il mito dell'uomo in attesa di essere raggiunto[94]. E' rimanendo in se stessi che si riesce a rimanere estranei a quanto il mondo produce su ciascuno in impressioni. L'impressione è la finta cono-

---

[93] Come uso dire io.
[94] Alcuni uomini lo hanno raggiunto, altri uomini, pochi però, lo raggiungeranno certamente.

scenza che occulta l'io e produce la maschera. L'uomo reale è l'uomo di dentro, tutto il resto è finzione, è menzogna. Questo duplice senso o poter essere dell'uomo in filosofia è sintetizzato nei due concetti estremi di "noumeno" e di "fenomeno". Il noumeno è la conoscenza in sé, coincide con il concetto pure di sapere e di essere; il fenomeno è quanto arriva all'uomo in percezioni di impressioni che producono la "memoria" dell'essere storico, che non è la memoria dell'essere psicologico tipico dell'individuo autenticamente libero. Il benessere dell'uomo, nella sua vita storica, è raggiungibile solo nel recupero[95] della memoria di sé e della definizione di un suo coerente progetto di vita nello stesso senso. Non si può essere due cose diverse nello stesso tempo o mettere a tacere l'una o l'altra secondo i momenti e le circostanze. E' l'unico modo possibile per essere compatibili con sé e coerenti con gli altri. Altre strade producono distorsione a ogni livello e malessere esistenziale di dimensioni, spesso, laceranti.

---

[95] Complicatissimo se non impossibile.

LA LETTURA
E LE MAPPE CONCETTUALI

Premessa

Mi sono chiesto quale finalità dovesse avere una mia lezione sulla didattica della lettura e sulle mappe concettuali/mentali da tenere in un corso di aggiornamento per docenti, poi ho concluso che "il segno distintivo, che caratterizza l'intero progetto di cambiamento radicale della scuola italiana, è rappresentato dal concetto di identità. E' su questa base che la scuola può lanciare la sua sfida fondamentale al futuro dell'uomo e della società. Si può parlare, infatti, di un asse delle identità, che rappresenta in sé l'intero pacchetto teorico e pratico del cambiamento che si andrà a realizzare a breve termine, ma che, in effetti, in fasi di intuizione e di sperimentazione è già in atto presso singole unità scolastiche. Tale asse trova le sue coordinate nei concetti di autonomia, di continuità, di vocazione, di orientamento, di lettura. Il fine è quello di passare da una scuola dei contenuti ad una scuola dei Concetti e dei Progetti, per realizzare la Persona. Dall' autonomia-identità del territorio all'autonomia-identità della scuola all'autonomia-identità della Persona, delle sue vocazioni, dei suoi orientamenti, della sua libertà di scegliersi, inquadrando il tutto intorno al perno della loro soluzione continua, quindi della continuità e della essenzialità del sapere e della sua coincidenza piena con l'Essere insito e connaturato ai singoli elementi reagenti tra di loro in questo complesso sistema di sviluppo. In questo gioco della ricerca, all'interno delle singole componenti il sistema[96], la capacità di interpretazione nella lettura diventa fondamentale[97] e si collega alla necessità di trovare vie che conducano ad un sapere leggere funzionale, efficace, essenziale.

N.B. – In questo ambito concettuale *Autonomia – Persona – Contenuto essenziale – Essenza – Essere interno alle cose* diventano punto di riferimento l'uno dell'altro ed *hanno il comune denominatore di fare riferimento ad un "Identità essenziale.*

Tecniche per saper leggere

Quando si legge dunque lo scopo fondamentale è comprendere: un brano, nel caso più specifico, ma non è molto diverso per un paesaggio, una persona, un oggetto, un brano musicale, ecc. Ma quello che, qualche volta, lascia perplessi, sia alunni che docenti, è: "Comprendere cosa?". Il termine Comprensione è molto vago e contiene molti sotto-elementi che andrebbero governati per condurre fra le varie diverse interpretazioni all'essenzialità del comprendere medesimo. Ma gli elementi essenziali per un comprendere possono essere, di volta in volta, diversi secondo gli scopi che si danno alla lettura o secondo gli scopi che si dà il lettore.

---

[96] Ambiente, Scuola, Persona, Società.
[97] Perché implica il guardare dentro alle cose, cogliendone l'essenza basilare.

Chiediamoci:

«Un modo scientifico per comprendere esiste?».

La ricerca al momento ci offre almeno quattro modi diversi di intendere il concetto di comprensione nella lettura, e che darebbe luogo a quattro diversi livelli di comprensione, ma tutti e quattro significativi[98].

Ma Leggere, per es. un brano o un libro, comporta da parte di chi legge solo un problema di capacità di comprensione concettuale?

In effetti c'è anche una implicazione visiva del campo della o delle parole che, spesso, è alla base di letture molto lente, difficoltose, lacunose e che si concludono nel dispendio inutile di tempo e in nessuna comprensione dell'oggetto preso in considerazione.
E chiediamoci ancora: "La comprensione di un brano dipende dalla velocità di lettura? Se si, è possibile aumentare la velocità nella lettura?

La lettura nella ricerca attuale (Anni 70 – 80 – 90)

Varie sono le strategie che la ricerca degli ultimi decenni ha proposto all'attenzione degli operatori della scuola per quanto concerne i miglioramenti nella lettura, decodificazione e comprensione di un testo di qualsiasi contenuto e livello:

---

[98] **Meazzini** 1986.

- Insegnare agli allievi a notare parole segnale che di per sé sono in grado di denotare la natura specifica di un testo;

- Organizzatori anticipati di Ausubel: parole chiave, patrimonio esistenziale dell'alunno, utili per una approssimazione dolce e graduale per la comprensione di un problema più complesso e lontano;

- Schemi grafici visuo-spaziali:

- Mappe concettuali: sembra che esse aiutino a relazionare in modo visivo i concetti tra di loro, agevolando sia la fase di comprensione che di ritenzione;

Ma oggi qui ci interesseremo di più degli Organizzatori anticipati di Ausubel e delle Mappe Concettuali e Mentali.

Le mappe concettuali

Esse hanno una differenza dalle Mappe mentali di Buzan, che vedremo poi, e sono rappresentabili in quattro strutture o modelli-base, corrispondenti ciascuno a una modalità diversa di lettura e di interpretazione:

- Mappa tematica o descrittiva: uno – due – tre – un altro (Parole chiavi identificative del testo);
- Mappa sequenziale-episodica: Allora – poi – infine – di conseguenza – perciò – perché – passi;
- Mappa comparativa o contrastiva: d'altro canto – comunque – al contrario – ma;
- Mappa problema-soluzione: dovrebbe – problema – soluzione – come risultato – perché – meglio.

Ciascuno dei modelli, di cui sopra, si accompagna a delle parole chiave in modo da mettere il lettore nelle condizioni di riconoscere nel testo che deve analizzare la mappa o il modello di mappa che di più si adatta al suo caso, cioè al testo stesso.

Tali mappe si reggono sul principio della ricerca dell'idea basilare a cui vengono collegate le sue idee coordinate e a ciascuna di queste ultime le rispettive subordinate di vario ordine e grado.

Nella mappa concettuale si ripetono a livello grafico le medesime logiche che si trovano dentro al periodo scritto: principale, coordinate, secondarie, subordinate di vario ordine e grado.

1. La mappa tematico-descrittiva

- Si presta per qualsiasi tipo di testo;
- L'idea principale è al centro;

- Lo sviluppo grafico è di tipo radiale;
- Si diramano dalla principale quattro coordinate;
- Da ciascuna coordinata si sviluppano due o più subordinate;
- E' un tipo di mappa la cui applicazione è vasta;
- E' quella che assomiglia di più all'antica scaletta;
- E' molto utile per descrivere sistemi ed è applicabilissima in Scienze;
- E' utile per mettere in relazione tra di loro concetti in testi argomentativi.

2. La mappa-sequenziale-episodica

- È molto vicina all'organigramma di flusso;
- L'idea matrice o le idee matrici "A" sono collocate in alto;
- Lo sviluppo grafico è di tipo verticale con diverse aperture orizzontali (B –C);
- Per ogni apertura orizzontale rispetto all'idea principale c'è uno sviluppo per successione sul piano verticale (C);
- Le caselle o celle "C" possono avere ulteriori ramificazioni in subordinate di tipo "D";
- Tale modello di mappa si presta moltissimo nella lettura e interpretazione di eventi storici.

3. La mappa comparativo-descrittiva

- E' costruita su un modello di strutture parallele di carattere sia verticale che orizzontale;
- I concetti matrice sono posti in alto (A);
- I concetti matrice pongono in evidenza concetti a confronto (due, tre o anche di più);
- Le cellette "B" mettono in evidenza le caratteristiche che i concetti matrice condividono;
- Le cellette "C" indicano le caratteristiche distintive rispetto ai concetti matrice;
- I cerchi posti sul lato sinistro indicano le dimensioni o i campi dentro ai quali le idee matrici vengono messe a confronto;
- Tale tipo di modello di mappa è utile per confronti di uguaglianza o di differenza.

4. La mappa problema-soluzione

- Essa pone il rapporto problema-cause del problema: per es. Handicaps-cura dell'handicaps-cause dell'handicaps;
- Nella Casella "A" è indicata la causa del problema;
- Nella casella "B" è indicato l'effetto prodotto dalla causa o dalle cause;
- Nelle caselle "C" è indicata la definizione delle cause;
- Nella casella "D" è indicata la soluzione del problema alla quale si perviene dalle caselle "C" tramite le frecce.

N.B. – Gli schemi di cui sopra sono da considerare base, quindi modelli di riferimento essenziale, ma ciascuno di essi, una volta mappato può differire da quello generico, in quanto risponde alla situazione contestuale e ai bisogni reali.

Suggerimenti per l'apprendimento delle mappe concettuali

La guida da parte dell'insegnante è fondamentale per addivenire ai dovuti risultati a beneficio degli allievi:

- Nella fase iniziale è opportuno fare applicare agli allievi molte volte[99] i quattro modelli, variando, ogni volta e per ogni modello, il testo, il contesto, il problema;
- In una seconda fase gli allievi stessi[100] possono estendere il numero delle caselle, secondo le esigenze avvertibili dal contesto del testo medesimo, che potrebbe essere più complesso e articolato;
- In una terza fase gli allievi potrebbero addirittura variare lo schema, creandone un altro funzionale rispetto allo scopo;
- Nella quarta fase gli allievi saranno invitati a formulare schemi mentali, che precedano quelli grafici: lo scopo a questo punto è di pervenire all'acquisizione di capacità di lettura visiva e immediatamente sintetizzante;

---

[99] In modo libero e poi guidato.
[100] Perché invitati a farlo o per iniziativa spontanea.

- Nella quinta fase gli allievi acquisiranno l'abilità di commentare oralmente gli schemi in contemporaneità di svolgimento della lettura e di realizzazione degli schemi mentali;
- L'insegnante, nella prima fase, avrà cura che si lavori su testi semplici o su testi contenenti elenchi di concetti fra i quali organizzare un ordine logico: concetto matrice, coordinate del concetto matrice, subordinate rispetto alle coordinate e così di seguito. Si trascurerà quindi inizialmente la complessità impedente dei troppi dettagli;
- L'insegnante, infine, starà attento a che l'alunno pervenga, innanzitutto, ai percorsi immediatamente coordinabili all'idea matrice, in modo da esemplificare subito la lettura, preparandosi subito lo schema per la comprensione dei contenuti essenziali: si ricorda qui il richiamo ministeriale e il documento dei saggi sui "Saperi essenziali" come base dell'organizzazione di una nuova metodologia della cultura e della formazione della persona; Contemporaneamente allo svolgimento delle diverse fasi, è opportuno pervenire, in situazioni di approccio, alla scrittura essenziale;
- A proposito delle Mappe Concettuali, i dati affermano e confermano che i miglioramenti degli allievi nella lettura, nella comprensione e nell'esposizione sono evidenti, e che essi si realizzano in tempi brevi, nei casi in cui questa metodologia di interpretazione grafica

viene utilizzata sistematicamente, corretta-
mente;
- Per ottenere i risultati sperati, è fondamentale essere attenti alla maniera processuale speci-fica, che si va sviluppando attraverso diversi passaggi modulari.

Nell'atto di decidere un lavoro o un progetto sistema-tico da realizzare per mappe concettuali bisogna:

- Graduare l'introduzione dei vari schemi, co-me già si è visto, dando la precedenza a quel-lo tematico-descrittivo, che è di più semplice natura;
- Graduare la natura dei testi da analizzare: da semplici testi tematico-descrittivi ad altri via via più complessi, ponendo in ultimo testi di carattere contrastivo;
- Applicare le mappe ai diversi contenuti in modo da pervenire alle conoscenze essenziali relative ad ogni testo, gruppi di testi o argo-mento;
- Adattare opportunamente la tipologia specifi-ca della mappa[101] alle diverse tipologie dei contenuti: più tematici, più contrastivi, pro-blema-soluzione. Si ricorda di nuovo che gli ultimi due sono per fasi successive e per si-tuazioni più complesse.
- In conclusione la Mappa Tematico-Descrittiva è quella che si adatta meglio, al-

---

[101] Si ricordino i quattro modelli-base.

meno nelle fasi di approccio al metodo, a tutti gli allievi, a tutte le discipline, a tutti i tipi di contenuto.

La natura del testo

La scelta dei testi da analizzare, per pervenire alle conoscenze dei contenuti, è un momento del metodo e del percorso al quale il docente, soprattutto nelle fasi propedeutiche, deve dedicare moltissima cura. Dalla natura stessa del testo l'allievo può essere indotto a continuare o a rinunciare:

- Il testo non deve essere mai lungo;
- Il testo deve contenere molti indizi riconoscibili per la soluzione del problema-mappa: infatti la mappa è un po' come un problema in quanto richiede una soluzione tramite una quadratura finale;
- Gli indizi devono essere cercati tra:

- Parole significanti
- Titoli
- Sottotitoli
- Affermazioni sintetiche

Esse hanno in comune il carattere della informazione essenziale, agevolano, pertanto, la comprensione "essenziale":

- Piuttosto che brani più complessi e impedenti, è utile usare molti brani brevi e semplici in modo da produrre molte esercitazioni, molte soluzioni positive, crescita ed espansione della motivazione, che è la base di ogni apprendimento;

• Agli allievi, nella fase di avviamento del metodo, si può consentire anche di scegliere un'idea centrale del testo diversa da quella più comune: una situazione di tale tipo non solo produce libertà di iniziativa e di ricerca dell'allievo, ma incentiva anche l'eventuale dibattito nella classe e supera, nel contempo, il pericolo di eccessiva omologazione;

• Si vuole ricordare[102] che non è essenziale che gli allievi sappiano in ogni caso dare i nomi tecnici ai diversi modelli di mappa che usano;

• E' essenziale, al contrario, che gli allievi conoscano l'uso pratico della mappa e ne riconoscano le differenze per istinto o dal confronto nel gruppo o nella classe dopo una operazione avvenuta.

I limiti della mappa concettuale

Certamente la mappa concettuale, come qualsiasi altro strumento didattico o non, non è il toccasana per qualsiasi problema, anche se rappresenta certamente un ausilio, spesso fondamentale.

---

[102] Su questo punto il dibattito nelle situazioni scolastiche di base, dove il problema della mappa viene posto, è feroce, accanito.

I suoi fondamentali limiti sono:

1. Un brano può essere tanto composito e complesso da prestarsi a più livelli di interpretazione e a diversificati tipi di schemi, quindi anche di mappe;

2. Gli schemi da analizzare sono di tipologia rigida tanto da non prestarsi all'uso della mappa concettuale come chiave di apertura o esemplificazione;

3. Non è adattabile alle predisposizioni individuali di chi legge ed interpreta;

Chiediamoci allora: "Di fronte a tali impedimenti si rinuncia allo strumento mappa per l'analisi e si ritorna a quelli comuni: relazione, riassunto veloce, riassunto lento, ecc.?"

La risposta a questo quesito la fornisce Buzan con un altro tipo di Mappa che viene definita Mentale - Mappa Mentale quindi.

Le Mappe Mentali di Buzan

Ma vediamo ora che cosa è una Mappa Mentale e in cosa si differenzia dai quattro modelli già visti di Mappa Concettuale:

- La Mappa Mentale presenta in modo olistico i concetti cardine di un particolare dominio conoscitivo e così anche le loro ramificazioni;

- L'idea o concetto principale viene visto nella sua totalità, in tutta la sua estensione;

- Essa si presenta meno rigida rispetto alle Mappe Concettuali ed offre un'ampia possibilità di soggettivizzare la struttura secondo le necessità offerte dal brano o dall'oggetto di analisi;

- Al centro del foglio viene collocata l'idea principale. Essa può essere espressa con una parola chiave o con una figura colorata;

- Dall'idea principale si vanno ramificando i diversi argomenti principali o coordinati alla principale. Quanto più sono importanti tali argomenti coordinati tanto di più devono essere molto vicini al centro;

- Ogni argomento coordinato, a sua volta, si va articolando in sue subordinazioni secondarie: in una serie di subordinazioni, quelle più importanti vengono collocate più vicine alla cella da cui emana;

- E' consigliabile che ogni ramificazione, coordinata all'idea , o subordinata alle coordinate, venga espressa con una sola parola per facilitare e accelerare la lettura da parte di chi ha composto la mappa o da parte di chi ne fa un uso;

- Non è certamente obbligatorio ma si consiglia l'uso dei colori differenzianti i vari rami in quanto è stato ampiamente dimostrato che questi agevolano sia la fase di lettura che di memorizzazione degli argomenti che la mappa contiene;

- Ogni mappa va elaborata più di una volta prima di pervenire a quella considerabile definitiva: è proprio in questo il vantaggio della Mappa Mentale di Buzan rispetto alle Mappe Concettuali; essa può essere estremamente resa funzionale al soggetto che la elabora e, comunque, utile a chi ne fa un uso indiretto;

- Deve essere composta in un'atmosfera rilassata, senza schemi, creativa, quasi ludica: ci si deve sentire liberi anche di sbagliare. Gli errori infatti non producono né danni né drammi;

- La persona che la elabora la può identificare anche in un proprio gusto estetico, salvaguardando naturalmente i contenuti di cui la mappa è veicolo, cioè mezzo.

Usi della Mappa Mentale di Buzan

- E' utilissima per analizzare testi di qualsiasi natura;

- E' utile per capire un brano e collegarne i concetti alle conoscenze già presenti nel corredo personale;

- E' utile come normale scaletta per un professore durante una lezione, per un alunno durante un'interrogazione, per la preparazione di un tema e di una relazione, per un conferenziere;

- E' utilissima per consolidare o potenziare la memoria di argomenti già studiati

Vantaggi della Mappa Mentale di Buzan

- E' chiarita in modo inequivocabile l'idea principale, che, non a caso, occupa il centro del foglio;

- Sono ben chiariti i rapporti tra l'idea centrale e gli argomenti secondari e di più ancora gli argomenti periferici;

- Viene ben delimitato il campo delle idee fondamentali, di quelle cioè più vicine al centro;

- La mappa può essere ampliata con conoscenze già possedute e coordinabili all'idea centrale e a quelle periferiche;

- Permette di guardare in un solo colpo l'intero argomento, ma anche le sue singole parti o i suoi singoli campi, il che rappresenta l'aspetto olistico della mappa, cioè il punto forse che meglio la caratterizza come strumento;

- Consente ad alunni di diversi livelli di poterla usare in fase di lettura nel suo minimo di sviluppo o nel suo massimo di estensione, stando più intorno al centro o allargandosi verso le periferie dei rami singoli o dell'intera mappa;

- L'utilizzo didattico della mappa mentale non comporta dispendi economici ma solo abilità di uso e conseguente accelerazione e miglioramento della produttività;

- Stampata in lucido offre sia al docente che all'alunno la possibilità di utilizzo collettivo e di stimolazione del dibattito, ecc.

LA SCUOLA ITALIANA
da Moratti a Gelmini attraverso Fioroni

Premesso che la legge fondamentale dello Stato, relativamente all'organizzazione della scuola sull'intero territorio nazionale, rimane la legge n° 53, più conosciuta come Riforma Moratti, le Indicazioni per il curricolo di Giuseppe Fioroni, nell'agosto del 2007, e le ipotesi di aggiustamento di Mariastella Gelmini, nel 2008, ne rappresentano modifiche in itinere, non in tutti i casi comprensibili, dovute ai diversi umori della politica nelle circostanze dei cambiamenti di governo e di ministri. Ma vediamo, nelle dovute successioni, le diverse fasi, per cercare di comprenderne, nei limiti del possibile, i motivi.

La legge 53 trovava le sue origini in un modello di società radicalmente cambiato rispetto anche al passato più recente, una società che:

- Si era universalizzata nei modi di essere e di concepire l'esistenza;
- Si era appiattita su un vacuo conformismo di dimensione globale;
- Erano cambiati i modelli di comportamento culturale;
- Era cambiato il costume sociale;
- Erano cambiati la concezione e l'uso del tempo libero, condizionati da un consumismo irrefrenabile;
- Era cambiato il modo di esercitare la politica;

- Si erano confuse tra di loro le classi sociali[103];
- Al sentimento religioso si era sostituita la religiosità del mito del successo e del benessere;
- La televisione e la pubblicità avevano creato nuovi archetipi, che avevano soppiantato i valori tradizionali che inducevano a un modello di vita dominato dall'edonismo sfrenato e dal materialismo degli atteggiamenti nella vita quotidiana;
- Si erano modificati i ruoli e le funzioni all'interno della famiglia che si era arresa ai nuovi canoni culturali e comportamentali, fondati su una presunta libertà dell'essere, che sfociava sempre più frequentemente in un incontenibile relativismo *e* nella confusione dei ruoli uomo-donna, padre-madre, docente-discente, cosa di cui risentivano, in primo luogo, i figli;
- L'economia era diventata il punto di riferimento della crescita e dello sviluppo in dimensione planetaria; si era gradualmente sostituita a tutti i precedenti valori morali e sociali, che mai come allora avevano vissuto una crisi tanto preoccupante;
- Erano cambiati i rapporti sociali all'interno della scuola: le nuove generazioni non erano più supine e arrendevoli agli eventi culturali e alle decisioni relative alle scelte; erano propositive, invece, di nuovi modelli di compor-

---

[103] Vedi sistema delle polarizzazioni.

tamento, erano conduttrici di valori alternativi difficilmente conciliabili con i modi comuni di essere[104].

Nasceva e cresceva in questo clima la Legge Moratti, che veniva a soppiantare, all'improvviso, la "quasi attuata" Riforma Berlinguer. La L. 53 mirava al tentativo organico di disegnare l'identikit *dell'uomo idoneo a sopravvivere in un modello di società* le cui coordinate fondamentali risultavano essere quelle sopra rapidamente e schematicamente delineate. Era una Riforma che, per certi aspetti, dopo una prima percezione sommaria, faceva pensare a cose già viste, già fatte, come:

- Individualizzazione;
- Unità didattiche e Laboratori;
- Portfolio.

In realtà tutto questo nella L. 53 veniva confezionato in un sistema organico progettuale: la sua impiantazione comprendeva paletti ben definiti di tempi e di modi, presentati all'interno dei Vincoli e delle Risorse. Tali paletti[105] erano interpretabili in un primo modo:

---

[104] Pacifismo, ambientalismo, volontariato, obiezione di coscienza e via dicendo.
[105] Come emergeva dalle risultanze della sperimentazione, avvenuta in quegli ultimi anni, e come, d'altra parte, si evinceva

- Personalizzazione = Valorizzazione dei singoli individui;
- Tutorialità = Accoglienza, cura, guida, accompagnamento dei singoli alunni, cura dei rapporti con le famiglie;
- Portfolio = Valorizzazione delle competenze e promozione dell'autoconoscenza;
- Laboratorio = Promozione degli aspetti sociali ed operativi della conoscenza e del sapere = cultura delle abilità e delle competenze;

E in un secondo modo:

- Personalizzazione = pericolo di deresponsabilizzazione dei docenti = possibilità di invito ad un tipo di discriminazione culturale già visto al tempo dell'introduzione della Scuola di Avviamento che rappresentava una alternativa agli sbocchi professionali aperti dalla Scuola Media;
- Tutorialità = prevalenza temporale accentuata per un docente e possibilità di discriminazione all'interno del team dei docenti;
- Portfolio = produzione inutile di una raccolta di documenti da affidare agli archivi come già accaduto in occasione di precedenti esperienze o esperimenti di questo tipo;
- Laboratorio = percepibile da molti addetti ai lavori come neo-doposcuola per le attività leggere, come attività di serie "B".

---

dal contesto sociale che sembrava essere spaccato in due rispetto alle ipotesi della Riforma.

Certo è che tale Legge di riforma della scuola, sin dai suoi primi rigurgiti, induceva quanto mai alla riflessione sull'uomo e sulla società, stuzzicava le domande possibili sulle possibilità dell'*Essere* oggi. Intanto, i dubbi che essa suscitava negli addetti ai lavori, nella famiglia, nella società, nel contesto economico e culturale, evidenziavano alcuni punti di possibile ambiguità: essa sembrava orientata ad una sia pure inconscia accettazione/esaltazione di quel modello di società, per altri aspetti sconcertante, i paletti posti sembravano essere troppo rigidi, limitanti la libertà di insegnamento che era da sempre una delle prerogative previste per il docente, l'uomo stesso sembrava essere utilizzato quasi come il pezzo dell'ingranaggio di un sistema[106] che aveva, ormai, rinunciato ad alcuni punti di riferimento etico legati alla tradizione culturale, morale e religiosa. Il mutamento dello scenario politico, dovuto alla sconfitta nelle elezioni del 2006 del Polo della Libertà ad opera del Centro-Sinistra, faceva scattare nuovi meccanismi di riflessione sul mondo della scuola e sui suoi disagi manifesti o latenti che trovavano la loro concretizzazione nelle Indicazioni per il Curricolo del nuovo ministro Giuseppe Fioroni, che rappresentavano, a partire dal settembre 2007, il nuovo manifesto di riferimento per dirigenti, docenti, insegnanti e

---

[106] Vedi i riferimenti a inglese, informatica, impresa e il cedimento nel monte ore della lingua francese e delle discipline letterarie.

addetti ai lavori. relativamente al Progetto-Scuola. Le indicazioni, per la verità, non toccavano i paletti delle strutture del tempo, come previsto dalla legge 53, anche se sembravano orientate, a breve-media distanza, al ripristino del tempo prolungato e alla sua piena applicazione[107], ma metteva mano ad alcuni elementi del suo percorso, relativi all'organizzazione del curricolo, che ritornava ad essere oggetto della responsabilità dell'autonomia delle scuole e della libertà del docente che venivano subitaneamente rivalorizzate. Le indicazioni non erano rigide, avevano, invece, il valore di suggerimenti da cui partire per impostare il Progetto e sperimentarne il percorso, rinunciavano, intanto, ad alcuni paletti più a rischio e più contestati della legge 53 e fra questi:

- l'ambiguità della figura del tutor, che veniva superata;
- la prolissità dei piani personalizzati e delle unità di apprendimento, che ritornavano ad essere responsabilità del docente e dei consigli di classe nell'organizzazione del curricolo;
- del portfolio, varie volte rivisto, poi inibito, infine "temporaneamente" eliminato;
- delle tabelle degli obiettivi che venivano essenzializzate e quelle delle competenze che

---

[107] Vedi rientri pomeridiani, mensa, ecc. elusi nella reale applicazione.

venivano, per la prima volta, suggerite, aiu-
tando, quindi, il compito dei docenti;
- della complessa logica dei laboratori che im-
plicavano il rischio della rottura dell'unità
della classe e che mal si conciliavano con i
mezzi e gli spazi in dotazione delle scuole.
- La riarticolazione dei cicli: Scuola
dell'Infanzia e Scuola del Primo ciclo di
istruzione che comprendeva sia la scuola
Primaria che la Secondaria di Primo grado
- La scansione dei tempi didattici e della valutazione: un tempo unico per la scuola
dell'Infanzia; tre tempi per la scuola del primo ciclo di istruzione[108]. Per ciascuna di tali
tempi erano poste le tabelle dei traguardi delle competenze e degli obiettivi di apprendimento, che diventavano un aiuto concreto per
maestri e docenti. I laboratori si traducevano
nel concetto di laboratorialità che era un invito a lavorare in maniera dialogica e in simu-
lazione continua di un ambiente di realtà in
modo da consentire ad ogni persona di potersi
esprimere tramite le proprie risorse e nel segno dello stile della propria identità. La Valutazione guardava al riconoscimento pieno
delle identità e dei valori naturali in esse
espresse: della persona, del territorio, della
scuola stessa in cui si operava. Essa, dunque,
guardava alle risorse realmente possedute e
non le inibiva, al contrario le incoraggiava ed

---

[108] Fino alla classe terza primaria, fino alla classe quinta primaria, fino alla classe terza secondaria.

incentivava attraverso i percorsi; si conciliava, dunque, con i criteri di base di una scuola attiva, operativa, che guardava non ad astratte conoscenze ma alle abilità e alle competenze, privilegiava la laboratorialità, che è il modo della didattica più idoneo a valorizzare i singoli soggetti, i singoli ambienti, le singole situazioni. La Valutazione era vista in una triplice dimensione in cui ciascuno dei singoli momenti si faceva complice dell'altro: la dimensione del docente, la dimensione dell'Istituto, la dimensione nazionale. La dimensione dell'istituto si esprimeva attraverso la impostazione, anche in rete, di sistemi organici e concreti di autovalutazione; quella nazionale operava attraverso l'Istituto Nazionale per la Valutazione del Sistema Educativo di Istruzione e Formazione, servendosi dell'ausilio per i momenti di ricognizioni di organizzazioni come l'Invalsi. Dalle Indicazioni Fioroni, che nascevano nel segno della continuità con la legge 53, emergeva una attenzione più concreta e visibile ai principi fondativi della Scuola dell'Autonomia, che sembravano, comunque, essere i punti di riferimento più accreditati per potersi costruire insieme nella nazione ma nel rispetto pieno delle identità e delle risorse dei singoli territori. Si poteva parlare, sotto alcuni aspetti, di una libertà ritrovata. E siamo, poi, al crepuscolo del settembre 2008, la cronaca sia giornalistica che televisiva è stracolma di notizie riguardanti l'Alitalia, in spazi marginali sono posate le news riguardanti la scuola, che, grazie al suo nuovo ministro, sta vivendo un momento di strisciante restaurazione. Mentre è ancora infante e ancora da comprendere la legge 53, mentre sono ancora da concludere i due anni di sperimentazione delle Indicazioni Fioroni, Mariastella Gelmini, complice del sistema di potere di cui è emanazione, viene a sconvolgere in maniera radicale i punti di riferimento base del sistema di istruzione primaria, ventilando una soppressione dei moduli e la relativa reintroduzione del maestro unico; la "resurrezione" del voto in condotta e le relative penalità che essa prevede; il ripristino, sia pure consigliato[109], del grembiule, per avere una certezza ancora maggiore dell'essere conformati ad un sistema educativo che decide, per ognuno di noi, anche quale abito indossare. Di per sé il grembiule non è un danno, ma lo diventa per il significato simbolico che nasconde: si vuole un modello di società il cui prodotto è un individuo completamente conformato, asservito a delle regole obsolete e privative della libertà, della creatività, delle identità individuali. Per quanto riguarda i moduli, non è inopportuno ricordare che essi avevano visto la luce per garantire meglio la continuità educativa in tutta l'area della scuola di base. E, tanto per con-

---

[109] E menomale!

cludere, non si dimentichi che il sistema scolastico primario in Italia è tra i più accreditati in Europa e nel mondo per redditività; se mai qualcosa da rivedere ci sarebbe negli ordini di scuola successivi e con particolare riferimento alla secondaria di secondo grado.

IL PRINCIPIO DELLA SALVEZZA
IN ALBERT CAMUS

Analisi del romanzo La caduta

1) Albert Camus e il suo tempo

Il Camus si muove nell'arroventato clima dell'esistenzialismo in generale e di quello letterario in particolare. Senza la pretesa qui di caratterizzare nei dettagli la dottrina filosofica di tale movimento culturale, mi limito a ricordare che lo stesso trova i suoi epigoni nelle "meditazioni" di un geniale scrittore danese, il Kierkegaard, il quale dalla più ostinata analisi della sua stessa vita interiore, considerata come un agglomerato di sentimenti[110], trasse alcuni principi fondamentali che vennero teorizzati, poi, in vario modo da Heidegger, Jaspers, Merleau-Ponty. Al centro della ricerca di tali sommi pensatori è posto il principio della distinzione tra Ente e Esistente, e, di riflesso, il principio della incomunicabilità.

La filosofia dell'Esistenzialismo, o la visione del mondo di tale movimento prende grande sviluppo in Europa negli anni precedenti la Seconda Guerra Mondiale, e, a maggior ragione, durante e subito dopo l'immensa catastrofe. Accolta con una sorta di

---

[110] Da lui descritti in opere di altissimo valore letterario, che assumono spesso l'aspetto di vere e proprie funzioni narrative, improntate di una seducente vena poetica.

cupo entusiasmo, attecchisce soprattutto in Francia in quanto lenitiva, in un certo senso, del pessimismo nichilista – ampiamente denunciato dal Nietzsche – che aveva improntato di sé la parte maggiore e più viva della letteratura dal 1920 in poi. Ed è proprio dall'incrocio dell'esistenzialismo e del nichilismo che viene fuori l'interessantissimo fenomeno culturale dell'esistenzialismo letterario.

In quest'ultimo si possono genericamente individuare tre indirizzi di rotta, o correnti, nate dal senso dato loro dai singoli scrittori nel tentativo di trovare una via di salvezza, quindi di uscita dal labirinto stagnante del pessimismo, riflesso canceroso dell'assurdità della condizione umana e dell'incomunicabilità, della conseguente solitudine:

- L'esistenzialismo letterario di tendenza cattolica, o più genericamente cristiana, che indica come unica via di salvezza la Fede, ma una fede autentica, capace di liberare se stessa da tutte le forme di conformismo del modo di credere tradizionale. Esponenti di rilievo di tale indirizzo, o corrente se si preferisce dire, sono George Bernanos e Gabriel Marcel;
- L'esistenzialismo storicistico, ossia la parte dell'esistenzialismo incrociata con il marxismo, rappresentato soprattutto da Jean-Paul Sartre, per il quale il sentimento della comunione umana si può conquistare solamente immolando se stessi nel rogo vivido della grande lotta per il progresso sociale, che, ribaltando il volto della civiltà ne cancelli gli aspetti causanti l'assurdità del vivere

e la condizione di ripiegamento dello spirito dell'uomo;

- L'esistenzialismo umanistico, rappresentato da Albert Camus, per il quale la parte più nobile della tradizione culturale, cioè l'umanesimo, deve e può ridare un senso all'esistenza sia individuale che collettiva.[111]

Di quest'ultimo modo di intendere il grande movimento di pensiero mi occuperò in questa tesi.

2) L'Esistenzialismo in Albert Camus

Benché apparentato, in certa misura, all'esistenzialismo, A. Camus ne rimane per buona parte staccato, avendo egli legato il suo nome a una particolare visione della medesima dottrina. :

«*Non si può cercare in Camus un sistema di pensiero filosofico e speculativo coerente, fondato su premesse che non siano sperimentali: di qui le sue irrisolte contraddizioni*»[112].

Secondo il nostro Autore "*la grandezza dell'uomo consiste nel superarsi in un atteggiamento di orgogliosa rivolta contro l'assurdità del mondo*"[113]. Nel suo pensiero "*Sisifo insegna la fedeltà superiore, che*

---

[111] *Collection littéraire*, **Lagard e Michard**, *XX siècle* ; **M. Bonfantini**, *Disegno storico della letteratura francese*, La Goliardica.

[112] **F. Livi**, *Camus*, il Castoro, n. 49, La Nuova Italia, gennaio 1971.

[113] In *Il Mito di Sisifo*.

nega gli dei e solleva le rocce. Anche lui giudica che tutto va bene. Questo universo, ormai senza padrone, non gli sembra né sterile, né gentile. La lotta verso le cime basta a riempire il cuore di un uomo"[114].

In effetti *"Camus rimprovera ai numerosi filosofi esistenzialisti e fenomenologisti, cristiani o no, di operare nel loro itinerario filosofico un salto qualitativo, che egli non esita a considerare un vero e proprio suicidio filosofico. In altri termini, in costoro il riconoscimento e l'esperienza del carattere tragico e assurdo della condizione umana, sfociano in una accettazione della vita o di un principio superiore come unica forza capace di risolvere queste insanabili contraddizioni e di appagare il desiderio di eternità iscritto nel cuore umano"*[115].

Pare che egli si chiedesse per meglio capire se stesso e la complessità del tempo:

«Con che diritto un cristiano o un marxista mi accuserebbero di pessimismo. Non sono io ad avere inventato la miseria della creatura, né le terribili formule della maledizione divina. Non sono io ad avere gridato quel "nemo bonus"[116]*, né la dannazione dei bambini senza battesimo. Non sono io ad avere detto che l'uomo era incapace a salvarsi da solo e che dal*

---

[114] In *op. cit.*

[115] **F. Livi**, *Camus*, il Castoro, n. 49, La Nuova Italia, gennaio 1971.

[116] Nessuno nasce buono.

fondo della sua prostrazione non aveva altra speranza che la grazia di Dio»[117].

A questo proposito si ricorda che egli *"cercava, e non soltanto per lui stesso ma per tutti gli uomini, la salvezza e, dunque, molto più che la felicità. Di qui il carattere non laico della sua opera. Ma questa salvezza è di natura terrestre: ha, dunque, un carattere propriamente umano, non è l'opera di un salvatore, ma di un qualcuno che ha scoperto una ricetta, un modo di vivere per alleviare il dolore degli uomini, e lo comunica loro; predicando con l'esempio diventa a sua volta un santo, vale a dire un modello incarnato, che trascina altri uomini a diventare dei modelli"*[118].

In una sua lettera[119] afferma:

«*L'esistenzialismo è una filosofia completa, una visione del mondo che suppone una metafisica e una morale. Benché mi accorga dell'importanza storica di questo movimento, non ho abbastanza confidenza nella ragione per entrare in un sistema»*[120].

[...]

Su Tempi Moderni si sviluppa, anni dopo, la polemica del Camus con André Breton, il padre del surrealismo, e, soprattutto, con Jean-Paul Sartre. La disputa

---

[117] **Camus**, *Conferenza ai domenicani di Latour-Moubourg.*
[118] **Jean Grenier**, *A. Camus. Souvenirs,* Paris, Gallimard, 1968
[119] **A. Camus**, *Lettera al direttore de La Nef*, gennaio 1946.
[120] In *op. cit.*

con Sartre, come già quella con Francis Jeanson, si fonda sui principi della rivolta e della rivoluzione. Per Sartre *"la semplice rivolta è sterile, perché mantiene gli abusi della società, dato che questi abusi sono, appunto, la condizione necessaria perché la rivolta possa manifestarsi"*[121]. Per il Camus *"essa non è ben definita, quando si dice, come i nostri esistenzialisti ad esempio (sottomessi anche loro, per il momento, allo storicismo e alle sue contraddizioni), che vi è un progresso dalla rivolta alla rivoluzione e che l'uomo in rivolta non è nulla se non è rivoluzionario. La contraddizione è, in realtà, più stretta. Il rivoluzionario è, al tempo stesso, in rivolta e, allora, non è più rivoluzionario, ma poliziotto e funzionario, che si dirige contro la rivolta. Ma se è in rivolta finisce per mettersi contro la rivoluzione. Così che non c'è progresso da un atteggiamento all'altro, ma simultaneità e contraddizione, che aumentano continuamente. Ogni rivoluzionario finisce per essere oppressore o eretico. Nell'universo puramente storico, che hanno scelto, rivolta e rivoluzione sfociano nello stesso dilemma: o la polizia o la follia"*[122].

La spaccatura con le altre due forme di esistenzialismo è, dunque, evidente, sullo sfondo della polemica compare sempre una lotta a distanza con il marxismo a cui gran parte dell'esistenzialismo si è rifatto.

Il Nostro afferma che:

---

[121] **F. Livi**, *Camus*, il Castoro, n. 49, La Nuova Italia, gennaio 1971.
[122] **A. Camus**, *L'uomo in rivolta*.

«*Se non ci sono valori eterni, il comunismo ha ragione, non si deve mercanteggiare il prezzo che si mette a edificare una nuova società; altrimenti, è il vangelo. Una sintesi, per quanto auspicabile, gli sembra impossibile. Eppure non poteva ammettere né il regno della violenza, né quello dell'ingiustizia*»[123].

E, ancora più esplicitamente rincara che:

«*Marx ha introdotto di nuovo nel mondo decristianizzato la colpa e il castigo, ma di fronte alla storia. Il marxismo, in uno dei suoi aspetti, è una dottrina della colpevolezza rispetto all'uomo, di innocenza e rispetto alla storia. Lontana dal potere, la sua traduzione storica era la violenza rivoluzionaria; al vertice del potere rischiava di essere la violenza legale, vale a dire il terrore e il processo*»[124].

In fondo, la sua lotta contro un certo esistenzialismo è la lotta contro ogni valore finalistico e finirà per dire:

«*I valori per i Greci erano preesistenti a ogni azione di cui segnavano giustamente i limiti. La filosofia moderna pone i suoi valori alla fine dell'azione*»[125].

Dunque "*se egli rifiuta la rivoluzione non è soltanto perché essa comporta sempre una inammissibile violenza, ma anche perché sacrifica ad un certo avveni-*

[123] **A. Camus**, *I Giusti.*
[124] **A. Camus**, *L'uomo in rivolta.*
[125] **A. Camus**, *Prometeo in inferno.*

re la condizione attuale e incarnata dell'uomo"[126].
Inoltre "il peggiore materialismo consiste nel far
passare delle idee morte per realtà vive, e, in ogni
caso, a far morire degli uomini, o a ucciderli, in nome di una idea"[127].

E ecco una espressione significativa del pensiero
camusiano:

«Il nostro compito di uomini è di trovare le poche
formule che calmeranno l'angoscia infinita delle
anime libere»[128].

Il Camus preferisce ancorarsi in una riserva piena di
perplessità, piuttosto che naufragare in una ideologia
incondizionatamente accettata. Alcuni pensano che
"si può non condividere talvolta il suo scrupolo della
verità, ma ai cianfruglioni contemporanei, e, soprattutto, ai frenetici di ogni ideologia, bisogna ripetere
anche oggi – oggi che il disordine dell'epoca lo ha
reso falsamente inattuale – che la vera intelligenza,
la sua vittoria, pur nel corpo a corpo con il presente,
tornerà di lontano"[129]. Ma "l'attualità del grande
scrittore è indicata nel dono di mantenere aperta,

---

[126] **F. Livi**, *Camus*, il Castoro, n. 49, La Nuova Italia, gennaio
1971.
[127] **A. Camus**, *Il Mito di Sisifo*.
[128] **A. Camus**, *I Mandorli*.
[129] **F. Di Pilla**, *La vita e l'opera di Albert Camus*, Fabbri, Mila-
no, 1968

proprio sul filo delle utopie contemporanee, la que-stione del destino e dell'uomo"[130].

3) Il principio della salvezza in Albert Camus

Il pensiero camusiano si apre, e si dilata progressi-vamente, su tre temi fondamentali:

- quello della rivolta;
- quello dell'assurdo;
- quello della salvezza.

Sugli stessi temi si chiude nel tentativo, non si sa fi-no a quanto riuscito, di dare loro soluzione o di forni-re almeno una indicazione per la soluzione. Del re-sto, egli stesso afferma che:

«*L'opera di un uomo non è altro che questo lungo cammino per ritrovare attraverso i rigiri dell'arte le due o tre immagini semplici e grandi sulle quali il cuore, una prima volta, si è aperto. Ecco perché, for-se, dopo vent'anni di lavoro e di produzione, conti-nuo a vivere con l'idea che la mia opera non è nep-pure cominciata*»[131].

Si può ritenere contenuto in pieno il Camus in questa sua dichiarazione. Dalla lettura globale della sua ope-ra "*i limiti della sua riflessione filosofica appaiono chiari, perché – eccellente nel denunciare e combat-tere le insidie che minacciano la vita e la dignità umana – Camus non può superare lo stadio della*

---

[130] **T. Sarocchi**, *Camus*, Paris, Puf, 1968.
[131] **A. Camus**, Dalla Prefazione a *Il Rovescio e il Diritto*, 1958.

negazione, di ciò che nega l'esistenza dell'uomo [...]
ma sembra opportuno ricordare la coerenza e la sin-
cerità di questa esperienza sull'esistenza che preferi-
sce ancorarsi in una riserva piena di perplessità,
piuttosto che naufragare in una ideologia incondi-
zionatamente accettata"[132]. Egli *"aveva affrontato*
direttamente grandi problemi che lo ossessionavano,
si era sforzato di trovare loro una soluzione, almeno
di portare un sollievo alla sofferenza umana. Ma
senza che si trattasse di una dissimulazione volonta-
ria, sembrava avere coscienza, in un'altra parte di
sé, di un segreto che non era fatto per essere rivela-
to"[133]. D'altra parte, Camus stesso afferma che:

«*Nessun uomo può dire ciò che è. Ma capita che*
possa dire quello che non è. Si vuole che colui che
cerca ancora abbia già concluso. Mille voci gli an-
nunziano già quel che ha trovato, eppure, lui lo sa,
non è quello»[134].

Benché la parola salvezza ricorra raramente sotto la
penna dello scrittore, il problema si impone in tutti i
suoi libri. Non si tratta, è superfluo ricordarlo, di una
concezione cristiana, egli stesso ci ricorda che:

«*Uomini che la terra basta a contentare devono sa-*
per pagare la loro gioia con la loro lucidità e, fug-

[132] **F. Livi**, *Camus*, il Castoro, n. 49, La Nuova Italia, gennaio 1971.
[133] **Jean Grenier**, *Albert Camus. Souvenirs*, Paris, Gallimard, 1968.
[134] **A. Camus**, *L'Estate*.

gendo la felicità illusoria degli angeli, accettando di amare soltanto ciò che deve morire»[135].

L'uomo, dunque, troverà la sua salvezza solo nel ristretto ambito della sua esperienza terrena, al di là delle parole, si trova solo il vuoto eterno. Salvarsi significa per l'uomo prendere coscienza della propria dignità, accettare la vita dolorosa e assurda che gli è stata imposta[136], e rivoltarsi contro l'ingiustizia in uno spirito di concordia e di solidarietà con i suoi simili[137]. Insomma, pare che egli fosse orientato a essere uomo con gli uomini contro Dio.

E sempre il Nostro lapidariamente afferma che:

«La vera generosità rispetto al futuro consiste nel dare tutto al presente. In quest'ora in cui ciascuno di noi deve tendere l'arco per dare di nuovo prova di sé, per conquistare nella storia e contro la storia, ciò che egli possiede già: la magra messe dei suoi campi; il breve amore di questa Terra, nell'ora in cui nasce finalmente un uomo, bisogna lasciare l'isola dei furori adolescenti»[138].

Ed allora, in un universo improvvisamente svuotato di illusioni, di luci, quale possibilità si offre all'uomo che vive per superare questo divorzio con la vita, questa estraneità con il mondo? La liberazione sta nella coscienza del non-senso della vita. Condannato

---

[135] **A. Camus**, *Nozze.*
[136] **A. Camus**, *Il Mito di Sisifo.*
[137] **A. Camus**, in *La Peste* e in *L'Uomo in Rivolta.*
[138] **A. Camus**, *L'uomo in Rivolta.*

ma lucido, l'uomo imparerà a conoscere il valore della sospensiva e l'esaltante libertà che vi scopre. Il non-senso della vita diviene la condizione di una vita più grande. Mantenere, dunque, questo non-senso con uno sforzo di coscienza, sempre rinnovato, sarà il destino dell'uomo assurdo. Egli rifiuterà di entrare in tutte le religioni, in tutte le filosofie, in tutte le dottrine, le quali, proponendogli una spiegazione generale dell'universo, l'alleggerirebbero del peso del suo masso. In altri termini, nel campo limitato della sua esistenza senza affetto egli ridiventa padrone di se stesso[139].

Rifiutando la consolazione della fede e della speranza, Camus evita l'ottimismo, ma non cade nella disperazione. Per essere disperati bisogna non credere in nulla. Ora, dal più profondo del suo essere, egli crede nella vita presente, nei valori che si possono trovare, e se non ha speranza non dispera ugualmente. E afferma che:

«*Non vi è amore di vivere senza disperazione di vivere*»[140].

Senza la speranza la vita può essere vissuta in una rivolta continua che annulli la disperazione. Solo la rivolta permette di scoprire ciò che è veramente umano. Se vivere è rassegnarsi e, se nell'assenza di speranza, vivere è dare tutto al presente, la vita esiste insieme alla rivolta. Superando, quindi, il nichilismo,

---

[139] **A. Camus**, *L'Uomo in Rivolta*.
[140] **A Camus**, *Prefazione alla riedizione de Il Rovescio e il Diritto*.

la rivolta è la rinascita che *"senza pretendere di risolvere tutto, può almeno cambiare qualcosa"*[141].

L'estrema sintesi della visione della vita dello scrittore sembra riflettersi in questa sua affermazione, in essa è annidato il concetto di umanesimo esistenziale che da lui prende origine:

«*Noi sappiamo che la salvezza degli uomini è, forse, impossibile, ma diciamo che non è questa una ragione per cessare di cercarla, e, soprattutto, che non è permesso definire tale ricerca impossibile, prima di avere fatto, una buona volta, ciò che bisognava fare per dimostrare che non lo era*».

4) Analisi del romanzo "La Caduta"

Nove anni dopo la cronaca del dottor Rieux[142], ecco la confessione pubblica di Jean Baptiste Clamence[143]. Malgrado il sentimento della colpa che lo opprime, egli non può trovare un giudice in grado di poterlo riconoscere colpevole. Per Mearseault[144] il problema è quello di accettare la morte, per Clamence, è quello di accettare la vita. il primo sente rifluire in lui la felicità che ha misconosciuto e, salutando la vita, trova nel passato la forza di accettare il presente; il secondo, invece, domanda soltanto al passato di datare l'inizio della sua caduta.

---

[141] **A. Camus**, *L'Uomo in Rivolta.*
[142] **A. Camus**, *La Peste.*
[143] **A. Camus**, *La Caduta.*
[144] **A. Camus**, *Lo Straniero.*

Ma cerchiamo, ora, di seguire il Camus lungo il percorso dell'intelaiatura narrativa de La Caduta, opera quest'ultima che rappresenta un po' La sintesi, e nel contempo l'analisi, del suo pensiero.

In un bar di Amsterdam un uomo monologa. Egli, alcuni anni prima, era un brillante avvocato parigino: amabile, generoso, godeva intensamente della sua natura e dell'ammirazione altrui, una sorta di euforia lo rendeva pienamente soddisfatto di se stesso. Un uomo, dunque, in perfetta salute, ricco, ammirato, apprezzato, amato dalle donne, insomma nel pieno diritto di essere felice.

E un uomo di tal fatta che mai può chiedere alla vita se non di essere sempre uguale a se stesso? E egli pensa tra sé e sé:

«*A forza di essere ammirato, mi sentivo, esito a dirlo, un designato, designato personalmente tra tutti, per questa lunga e costante riuscita...*»[145].

Ma, una sera, mentre rincasa, passando su di un ponte, egli sente ridere dietro di lui, sente il riso di una bocca invisibile che sembra affiorare dall'acqua del fiume. La sua coscienza, improvvisamente, si risveglia, la memoria gli ritorna, la caduta comincia. Non sentendosi più a suo agio nel presente, interroga il suo passato, ma è per scoprire, con sua sorpresa, certe istantanee accusatrici: una disputa tra automobilisti; la vanità di maschio con un'amante che ha lascia-

---

[145] **A. Camus**, *La Caduta*.

to; un grido da lontano. Clamence, dopo il riso enigmatico, inizia un cammino di conoscenza di sé, comprende, allora che: la modestia lo aiutava a brillare; l'umiltà lo aiutava a vincere; la virtù lo aiutava a opprimere. Ma scopre, soprattutto, la sua profonda indifferenza verso tutto ciò che non lo riguardava direttamente, quindi dice a se stesso:

«*In fondo non c'era niente che contasse. Guerra, suicidio, amore, miseria, vi prestavo attenzione, certo, quando le circostanze mi forzavano, ma in una maniera cortese e superficiale*»[146].

Si accorge, allora, che la sua indifferenza, la sua capacità di oblio, lo hanno trascinato alla superficie della vita in una specie di deriva. Nel momento in cui egli si accorge di quello che è veramente, il bisogno impetuoso di confessarsi lo afferra e non lo lascia più.

«*Ero tormentato dall'idea che non avrei avuto tempo di portare a termine il mio compito. Quale compito? Lo ignoravo. Per essere franco quel che facevo metteva conto di essere continuato? Ma non era questo il punto. In effetti ero perseguitato da un ridicolo timore: che non si potesse morire senza avere confessato tutte le proprie menzogne. Non a Dio, o a uno dei suoi rappresentanti, ero superiore a questo, lei lo capisce. No, si trattava di confessarlo agli uomini, ad un amico, o ad una donna amata. Altrimenti, quand'anche non ci fosse stata in una vita, che una*

---

[146] *Op. cit.*

sola menzogna nascosta, la morte l'avrebbe resa definitiva. Nessuno, mai più, avrebbe conosciuto la verità su quel punto, poiché il solo a conoscerla era proprio il morto, addormentato col proprio segreto. Questo assassino totale di una verità mi dava le vertigini»[147].

Non potendo, quindi, trovare un giudice dal quale essere condannato, egli chiude il suo studio di avvocato, lascia Parigi e viene in questo bar di Amsterdam a fissare il suo tribunale di giudice penitente. Questo uomo di legge, questo brillante avvocato delle nobili cause, ha, infatti, fatto una scoperta: se noi non possiamo affermare l'innocenza di nessuno, possiamo con fermezza affermare la colpevolezza di tutti. Mettere in luce la colpevolezza comune è il fine cui tende Clamence nella sua confessione pubblica. Costruendo un ritratto sincero di se stesso, il ritratto di un colpevole, egli costruisce il ritratto dei suoi simili. Egli, infatti, afferma:

«Prendo i tratti comuni, le esperienze sofferte insieme, le debolezze che abbiamo entrambi, le buone maniere, l'uomo del giorno, insomma, come infierisce in me e negli altri. Così io costruisco un ritratto che è di tutti e di ciascuno»[148].

Ma, al tempo stesso, il ritratto che egli tende ai suoi contemporanei, diviene uno specchio per se stesso:

---

[147] *Op. cit.*
[148] *Op. cit.*

«*Più mi accuso e più acquisto il diritto di giudicarvi. Non solo, ma io la provoco a giudicare se stesso, il che mi è di altrettanto sollievo. Ah! Cara mia, siamo strane, miserabili creature, e per poco che rivanghiamo le nostre vite, non mancano occasioni di stupirci e di scandalizzarci. Provi. Stia tranquillo che ascolterò la sua confessione con un grande sentimento di fraternità*»[149].

Allora, da penitente, Clamence diviene giudice: ogni uomo testimonia del crimine di tutti gli altri. Ecco la sua fede e la sua speranza.

Originariamente La Caduta[150] doveva far parte di una raccolta di novelle, soltanto la lunghezza dell'insieme le valse di essere pubblicata a parte Tali novelle, unite, poi, sotto il titolo comune "L'Esilio e il Regno", si ispirano, in effetti, allo stesso sentimento di insoddisfazione che dà la parola a Clamence, anche se, nello stesso tempo, aprono un nuovo ciclo nell'opera del Camus[151].

Stilisticamente il racconto si presenta come un lungo monologo sapientemente movimentato da descrizioni di Amsterdam nella quale Clamence e il suo interlocutore passeggiano dopo il fortuito incontro nel bar

---

[149] *Op. cit.*

[150] Oggi presente in Italia anche nelle edizioni economiche della Garzanti: prima edizione luglio 1966; terza edizione agosto 1974. Traduzione di S. Morando.

[151] L'interrogativo di sempre è il problema del significato dei valori.

di Mexico-City. Sentiamo, in proposito, il protagonista:

«*D'altra canto, questo paese mi ispira, amo questa gente che formicola sui marciapiedi, costretta in un piccolo spazio di case e acqua, assediata da nebbie, da terre fredde, da un mare che fuma come un bucato. Mi piace perché è duplice. Sta qui ed è altrove*»[152].

Il tono disincantato della descrizione di vasti e illuminati paesaggi, tipico di Nozze[153], cede qui il passo a una satira stretta e serrata: il paesaggio è l'anima umana sono uniti in un unico sentimento di tristezza:

«*Sognano con la testa nelle loro nuvole color di rame, girano in tondo, pregano, sonnambuli nell'incenso dorato della nebbia: non sono più qui. Sono in viaggio, a un migliaio di chilometri, verso Giava, l'isola lontana*»[154].

«*Lo stile dell'opera, che è sempre diretto, segna lo svolgimento dell'azione nel tempo, e, spesso, per dare alle proprie affermazioni una dimensione più generale, Clamence usa la prima persona del plurale. Gli aforismi e le massime[155], che sono con discrezione calati nel testo, velano la genesi molto elaborata*

---

[152] **A. Camus**, *La Caduta*.
[153] Altra opera del Camus.
[154] **A. Camus**, *La Caduta*.
[155] Numerosi a ben vedere, isolabili addirittura, tanto da poter vivere in un contesto proprio.

del racconto»[156], che sembra essere stato ottenuto da «creazioni di immagini staccate, rese, poi, successive l'una all'altra, tramite l'utilizzo di un linguaggio frammentato, dove la punteggiatura, foltissima, assolve al compito di segnare il ritmo e il suono all'azione»[157]. Non c'è, tuttavia, impressionismo di immagini e di vocaboli: la lingua è nudamente classica, anche se rotta e frammentata, per i motivi già ricordati, le immagini interne ed esterne appaiono nella loro essenzialità formale. Ma il linguaggio, come l'immagine, ha un che di aperto, di irrisolto, a conferma del desiderio del Camus di vivere e di morire nelle contraddizioni, oltre ogni artificioso valore. Si può dire che l'estetica camusiana è tutta contenuta nel suo messaggio.

«La delusione è certamente grande per chi cerchi in Camus le delizie delle immagini e dello stile. Scrittore sorvegliato e classico, egli indulge raramente alla magia della parola, preferendole la magia dell'idea. Contrariamente a molte, eccitanti, esperienze del novecento francese, egli rifiuta di rinchiudersi in un universo estetico, asettico e autosufficiente, senza nessun addentellato con i tragici problemi dell'attualità storica»[158].

Questo accordo profondo con il mondo risponde a un doppio movimento di contrazione e di apertura

---

[156] **F. Livi**, *Camus*, Il Castoro, n. 49, La Nuova Italia, gennaio 1971.
[157] *Collection littéraire*, **Lagard e Michard**, *XX siècle*.
[158] *Collection littéraire*, **Lagard e Michard**, *XX siècle*; **F. Livi**, *Camus*, Il Castoro, n. 49, gennaio 1971.

simile *"all'oscillazione che conduce certi uomini dall'ascesi al godimento, dalla rinunzia alla profusione nella voluttà"*[159].

L'interpretazione de La Caduta divide i critici e il Blanchat parla di una confessione dédagneuse[160]. È vero, comunque, che il Camus "ne La Caduta cede al gusto della logica e presenta meno la sua esperienza viva, che un'allegoria che ne è l'astratto limite[161]. Ma si sa anche che Camus[162] aveva definitivamente scoperto nel saggio *"un intermediario tra la filosofia concepita come ricerca vitale della verità e dell'unità, e la poesia che emana in maniera del tutto naturale da questa ricerca"*[163]. Tuttavia, *"di tutte le opere del Camus è questa, probabilmente, la più sconcertante: confessione parzialmente sincera? Ritratto ironico dell'intellettuale moderno e dei suoi complessi? Messa a fuoco satirica degli strascichi polemici con gli esistenzialisti?"*[164]. È possibile che, al di là dell'evidente componente satirica e umanistica, *"La Caduta sia l'esplosione di un'angoscia personale sempre più forte,, anche se l'Autore non si identifica ovviamente a J. Baptiste Clamence"*[165].

---

[159] **A. Camus**, *La Caduta*.
[160] Dispregevole, di dispregio.
[161] **G. Picon**, in **S. Morawski**, *Assoluto e forma*, Dedalo libri 1971.
[162] Con La Caduta si è alla fine della sua attività produttiva.
[163] **R. Quilliot**, *la mer e les prisons*, Paris, Gallimard, 1956.
[164] **A. Camus**, **Essais**, a cura di **R. Quilliot** e **L. Faucon**, Paris, 1965.
[165] **F. Livi, Camus**, Il Castoro, n.49, La Nuova Italia, gennaio 1971.

Senza, comunque, trascurare i suoi temi di sempre[166] sembrano essere in negabili *"le allusioni a certi ambienti culturali parigini, soprattutto esistenzialisti. La polemica con Sartre e con Tempi Moderni ispira alcune pagine del libro"*[167]. Nel novembre 1954 Camus afferma:

«*Esistenzialismo: quando si accusano si può essere certi che è per opprimere gli altri: dei giudici penitenti*»[168].

E nello stesso senso si dirigono le interviste concesse dal Camus all'indomani della pubblicazione de La Caduta:

«*È il quadro di un piccolo profeta, come ce ne sono tanti oggi. Non annunziano assolutamente nulla, e non trovano niente di meglio da fare che accusare gli altri, accusando se stessi*»[169].

La Caduta resta un punto culminante, e iniziale nello stesso tempo, nell'itinerario dello scrittore, perché crea *"un'esperienza letteraria che lo conduce davanti a un muro: impossibile continuare sulla stessa strada, se non con un prodigioso balzo qualitativo, che esige nuovi rapporti tra lo scrittore e la sua ope-*

---

[166] L'amore, la morte, la giustizia, la rivolta.

[167] **F. Livi**, *Camus*, Il Castoro, n.49, La Nuova Italia, gennaio 1971.
[168] **A. Camus**, *Taccuini*.
[169] Le **Monde**.

ra"[170] E le novelle che seguono La Caduta, vale a dire L'Esilio e Il Regno, sono il tentativo in una direzione diversa, e, agli occhi stessi del Camus, provvisoria. Proprio perché punto culminante di un itinerario[171], prima del perseguimento di una strada diversa, La Caduta riassume in sé ogni elemento delle opere precedenti e li completa, unificandoli in una visione meno parziale della vita: dalle prime esperienze di sensualismo egoistico di Nozze ai grandi temi umanitari de La Peste e Lo Straniero.

---

[170] **F. Livi**, *Camus*, Il Castoro, n.49, La Nuova Italia, gennaio 1971.

[171] La ricerca di sempre rimane quella della posizione del Camus rispetto ai valori, che ne La Caduta sembrano avvicinarsi ad una problematica tipicamente religiosa.

IL FARSI DELLA STORIA
E DELL'INDIVIDUO

1) Prefazione

La ricerca culturale, in questi ultimi anni, ha compiuto enormi progressi, arricchendosi di un patrimonio di dati e di indicazioni metodologiche, utili per la interpretazione e la spiegazione dei fenomeni tipici dell'epoca in cui si vive. L'arricchimento si qualifica come presa di coscienza, da parte dell'uomo contemporaneo, della realtà di un mondo in rapida evoluzione; dal punto di vista strettamente psicologico, tutto ciò significa riconoscere una forma di aggregazione operata e perpetrata dal reale sulla coscienza personale. E, parlando di reale, non ci si riferisce tanto all'accezione data a questo termine dalla filosofia, quanto ad una situazione psicologica dove il reale, oltre a funzionare da elemento perturbatore dell'ordine razionale del pensiero, provoca il disordine e suscita il dubbio, proprio all'interno di quella che si potrebbe definire "l'armonia della comunicazione delle coscienze"[172].

---

[172] **E. Faure**, *Rapporto sulle strategie dell'educazione*, Armando Editore, 1974.

Il tempo pone, oggi, davanti ad alternative di scelta spigolose e contrastanti, e ci si deve chiedere se non sia giusto rifiutare il principio secondo cui è il nostro spirito che aggredisce il reale, intervenendo sullo stesso per modificarlo e valga, invece, la pena di accogliere la tesi opposta secondo la quale il reale è in grado di assorbire e dominare lo spirito, riducendolo a suo strumento.

Per quanto riguarda chi scrive, la ricerca del significato della diversità culturale è riscontrabile solo nella logica mediazione dei termini di contrasto e per questo si ritiene necessario proiettare l'uomo fuori dagli schematismi filosofici, politici, ideologici, ambientali, predeterminanti, in qualsiasi modo, il libero sviluppo delle forme mentali.

Non pochi di noi sono la risultante di errori logici commessi da modelli di società normativi, che sempre hanno evaso il principio fondamentale del rispetto della struttura cardine del creato: l'uomo come valore assoluto.

«La conoscenza della necessità è liberatrice, a condizione che sia assimilata e interpretata dalla coscienza. Perciò è indispensabile che ciascuno, nella misura irriducibile che gli è propria, possa essere l'agente che individua i propri problemi ed effettua responsabilmente le proprie decisioni»[173].

Quella che noi chiamiamo personalità, infatti, è, troppo spesso, il risultato, quasi automatico, di tutte le spinte che si ricevono e finché non ci si accorge di questo enorme inganno e non si cerca di liberarsene, spezzando legami e vincoli, che guidano verso le scelte, si resterà sempre schiavi di qualcuno o di qualcosa, e la vita di ciascuno non sarà altro che un prodotto obbligato di condizionamenti subiti.

«A tutt'oggi, non era mai accaduto nulla di comparabile agli effetti di quella che si usa definire Rivoluzione scientifico-tecnologica. Infatti, molti progressi tecnici erano stati conseguiti, in passato, grazie alle scienze basate sull'osservazione e mediante la scoperta di formule, senza coinvolgere il controllo delle forze segrete della natura nei suoi molteplici aspetti. È solo in data relativamente recente che le conquiste della ricerca di base hanno aggredito il cuore dei problemi e si sono contemporaneamente diffuse, attraverso impieghi sempre più rapidi, nella vita quotidiana della massa degli uomini. D'altra parte, a differenza della Rivoluzione industriale del XVIII secolo, e del primo macchinismo che sostituì e moltiplicò le

---

[173] **E. Faure**, *Rapporto sulle strategie dell'educazione*, Armando Editore, 1974.

facoltà fisiche e muscolari dell'uomo, la Rivoluzione scientifico-tecnologica ha conquistato l'ambito della mente sia con la trasmissione immediata delle informazioni da ogni distanza, sia con l'invenzione, ogni giorno più perfezionata, di macchine calcolatrici operanti in base a processi razionali. Questo fenomeno investe necessariamente l'umanità nel suo insieme»[174].

Il progresso autentico può essere conseguito e potenziato da personalità la cui attività per un lato è volta alle aspirazioni e alla preparazione di ciascuna di esse e, per un altro, a una oggettività in fieri quale finalità che la trascende e che costruisce il valore di un processo infinito. La radice del progresso si dimostra così essere lo stesso individuo che si fa persona nell'esplicazione di una attività che lo trascende. Ciascun individuo che si faccia persona accoglie e risolve in sé la totalità del mondo, cioè lo individua e, allo stesso tempo, lo comunica come valore, lo universalizza nella sintesi di tensione della coscienza propria.

«Ciascun individuo è, allora, centro e periferia, allo stesso tempo, del mondo: centro mobile nella circolarità anche essa mobile, tra coscienze, che quanto più

---

[174] **E. Faure**, *Rapporto sulle strategie dell'educazione*, Armando Editore, 1974.

in sé risolve di valore tanto più riesce a comunicar-lo»[175].

È la persona con la sua irripetibile singolarità, cioè con la sua capacità di rifare in sé stessa l'esperienza storica, che dà alla totalità dell'umanità il proprio originale contributo. La storia, allora, si dimostra essere risultato determinante di valori presenti in ciascuna, impegnata, persona che in sé li risolve, e, per essa persona, tali valori alla storia ritornano e stimolano altre persone. La storia è processo a costo che sia creazione, cioè visione originale e critica di ciascun soggetto; ma la creazione è possibile in tutti i campi solo se promuove questo processo e, a mano a mano, lo libera da tutti gli aspetti non fattivi e che lo limiterebbero nel gioco delle parzialità.

Il valore, come risultato di ogni ricerca, piuttosto che supinamente accettato, è rimesso in discussione, cioè è problematizzato, smontato, osservato nelle diversità possibili dell'essere vissuto, approfondito nell'azione costante volta al suo superamento. Il progresso della civiltà, così, non può non essere orientato verso la struttura cardine dell'esistenza: il riconoscimento effettivo dell'uomo liberato. Nella mediazione della coscienza storica tra il già fatto del passato e il farsi del futuro è la vita del presente storico,

---

[175] **R. Eynard**, *da un suo articolo,* in Orientamenti pedagogici.

come vita del mondo interiore, formazione del proprio carattere di cui la società si potenzia in ogni attività che non si restringa in parziali finalità, ma aspiri all'assoluto.

2) Genesi delle strutture psichiche e loro caratteristiche evolutive

Pare necessaria la liberazione dell'uomo dagli schemi fissi del tempo che vive per inserirlo in orizzonti mentali più ampi e capaci di farlo orientare con maggiore spirito di libertà in ogni contesto spazio-temporale del reale, per rendere meno fatale quel binomio di aggressività, che sempre si ripete nella storia, rappresentato dalle lotte generazionali.

L'esperienza strutturalista, come le altre tecniche culturali moderne di lettura del reale, offre una forte gamma di esperienze e di tentativi di approssimazioni diverse e successive in campi diversi per ridonare all'uomo la sua umanità.

In senso vasto, una struttura è un sistema di trasformazioni che comporta delle leggi in quanto sistema, e che si conserva o si arricchisce grazie al gioco stesso delle sue trasformazioni, senza che queste conducano fuori dalle sue frontiere e facciano appello a elementi esterni. Una struttura comprende, così, questi tre aspetti:

- Totalità;
- Trasformazioni;
- Autoregolazione.

In seconda approssimazione, secondo il pensiero di J. Piaget, la struttura deve potere dare luogo a una formalizzazione.

«Possiamo concepire la vita mentale come evolventesi in direzione di una forma di equilibrio finale rappresentata dalla mente adulta»[176].

Lo sviluppo, così inteso, si verificherebbe attraverso un progressivo passaggio da uno stato meno ordinato a uno più ordinato. Si intende così la compresenza di più strutture variabili, trasformantesi dallo stadio primitivo dei riflessi e meccanismi allo stadio delle operazioni intellettuali di tipo astratto, della formazione della personalità e dell'inserimento affettivo e intellettuale nel mondo degli adulti.

«Ogni stadio costituisce, dunque, attraverso le strutture che la definiscono, una forma specifica di equilibrio, e l'evoluzione mentale si realizza nella direzione di un equilibrarsi sempre più avanzato»[177].

---

[176] **J. Piaget**, *Strutturalismo*, Ed. Einaudi.
[177] **J. Piaget**, *Lo sviluppo mentale del bambino e Altri Studi di Psicologia*, Ed. Einaudi, 1970.

Se ogni struttura ha un proprio equilibrio, è come dire che ogni struttura ha un proprio sistema[178], e anche in relazione alle strutture e ai sistemi a esse seguenti. Se l'ultima struttura, e quindi l'ultimo sistema, non sono che conseguenze logiche della prima struttura e del primo sistema, non ce ne possiamo spiegare la dimensione particolare, se non risalendo alla genesi del suo sviluppo. Il Piaget, in proposito, osserva che:

«Ogni genesi parte da una struttura e si conclude in un'altra struttura»[179].

E che:

«Ogni qualvolta troviamo in psicologia dell'intelligenza una struttura se ne può sempre rintracciare la genesi a partire da altre strutture più elementari che non costituiscono esse stesse principi assoluti, ma derivano da strutture ancora più elementari»[180].

Ma se ogni genesi parte da una struttura è pure necessario stabilire che:

---

[178] Vale a dire un proprio grado di formalizzazione.
[179] **J. Piaget**, *Lo sviluppo mentale del bambino e Altri Studi di Psicologia*, Ed. Einaudi, 1970.
[180] **J. Piaget**, *Lo sviluppo mentale del bambino e Altri Studi di Psicologia*, Ed. Einaudi, 1970.

«Ogni struttura ha una genesi»[181].

Si può già escludere che esistano strutture innate perché:

«Ogni struttura suppone una costruzione. Tutte queste costruzioni risalgono, di termine in termine, a strutture anteriori che rimandano, in ultima analisi, al problema biologico»[182].

Il fatto biologico è inteso come la predisposizione del bambino a stabilire un certo tipo di rapporti con l'ambiente, che risponde a dei suoi bisogni particolari, che, compensati, lo guidano a stabilire un rapporto sempre più specifico di equilibrio con se stesso e di se stesso rispetto all'ambiente. È proprio attraverso il soddisfacimento dei primi bisogni, definiamoli pure biologici, che il bambino va percorrendo i suoi primi passi attraverso la sua storia e la storia del mondo che lo accoglie: egli, attraverso il continuo ristabilizzarsi delle successive strutture, guida se stesso verso la scoperta delle cose, poi dell'io proprio, e alla distinzione tra il soggettivo e l'oggettivo, che, a livello primordiale, vale a dire a livello della prima struttura, comincia su un piano di assoluta indistinzione. Que-

---

[181] **J. Piaget**, *Lo sviluppo mentale del bambino e Altri Studi di Psicologia*, Ed. Einaudi, 1970.
[182] **J. Piaget**, *Lo sviluppo mentale del bambino e Altri Studi di Psicologia*, Ed. Einaudi, 1970.

sto bisogno di passaggio dall'indistinto a una capacità di distinzione sempre maggiore coincide con quella disponibilità spirituale nell'individuo, che, anche grazie alla sua struttura biologica, lo spinge a una sempre maggiore costruzione, a una continua proiezione in avanti verso le cose, verso se stesso, verso gli altri, verso il mistero che si cela dietro a ogni evento. È da dire, poi, che:

«A ogni livello di sviluppo l'azione[183] suppone sempre un interesse che la provochi, si tratti di un bisogno sociologico, affettivo o intellettuale; a ogni livello l'intelligenza cerca di comprendere o di spiegare. Ma se le funzioni dell'interesse sono, dunque, comuni a tutti gli stadi, cioè invarianti in quanto funzioni, è altrettanto vero che gli interessi – contrapposti all'interesse – variano considerevolmente da un livello mentale all'altro, e le spiegazioni particolari – contrapposte alla funzione dello spiegare – sono forme molto diverse, a secondo del grado di sviluppo intellettuale. Accanto alle forme costanti si devono, quindi, distinguere le strutture variabili, ed è precisamente l'analisi di queste strutture progressive, o forme successive di equilibrio, che permette di determinare le differenze od opposizioni da un livello

---

[183] Si sottintende l'azione verso il conoscere, l'esplorare.

all'altro della condotta, dai comportamenti elementari del neonato fino all'adolescenza»[184].

Al di là dell'intelligenza in senso statico, esistono le intelligenze come variabili di strutture variabili, e, in questo senso, il periodo dei cosiddetti bisogni fisiologici non è meno intelligente di quello dei bisogni logici e dei nessi causali. Senza stare a fare un'analisi delle caratteristiche evolutive specifiche, si vuole prendere della psicologia del Piaget, quello che interessa per estrarre i principi di un nuovo modo di organizzazione della mente dell'individuo rispetto ai percorsi conoscitivi nella famiglia, nella scuola, nell'ambiente di vita. Dalle analisi psicogenetiche del grande epistemologo deriva, infatti, la visione di una logica nuova e diversa, relativamente al campo delle scienze pedagogiche, metodologiche e didattiche, capace di fornire infinite aperture al possibile.

La psicogenesi, in effetti, insegna che nei processi mentali, osservati nell'individuo in formazione, pensare non significa astrarre il contenuto del pensiero dall'oggetto, bensì arricchire l'oggetto di tutte le relazioni attribuite dal soggetto, insomma una vera e propria rivoluzione copernicana del rapporto insegnamento-apprendimento. Prima di stabilire delle

---

[184] **J. Piaget**, *Lo sviluppo mentale del bambino e Altri Studi di Psicologia*, Ed. Einaudi, 1970.

leggi, il pensiero pone dei nessi generali stabiliti attraverso l'azione, ma né questa natura attiva, né il fatto che il soggetto abbia bisogno di una certa forma di esperienza impediscono a questi nessi di manifestare le capacità di costruzione del soggetto in rapporto alle proprietà psichiche dell'oggetto. L'intelligenza, pertanto, rappresenta un legame tra il soggetto e l'oggetto per cui è necessario distinguere due tipi di astrazione:

- Una astrazione di tipo soggettivo grazie alla quale l'oggetto viene assimilato attraverso l'azione del soggetto;
- Una astrazione riflessiva, o accomodatrice.

L'atto della conoscenza, in tal modo, è costituito dal processo di equilibrazione[185] per autoregolazione delle due diverse funzioni: questo è il significato innovativo proprio delle tesi strutturaliste. Il potere regolatore ha, comunque, diritto di chiamarsi tale solo se rappresenta la capacità del soggetto di modificare le condizioni in cui si trova sulla base dei suoi bisogni interni ed esterni, nonché, se manifesta il valore potenziale, e quindi naturale, della composizione delle forze all'interno del sistema, vale a dire la potenzialità del reale[186]. Pertanto, la determinazione

---

[185] Termine usato dal Piaget.
[186] **J. Piaget**, *Lo sviluppo mentale del bambino e Altri Studi di Psicologia*, Ed. Einaudi, 1970.

dell'operazione riflessiva è di tipo organico, dato che non dipende né dalla materia, né dallo spirito, ma da tutti e due insieme: a ben guardare, nell'atto riflessivo, si verifica il passaggio dall'uno all'altro, e viceversa, in una maniera immotivata, irrazionale, in un clima di indeterminazione.

3) L'evoluzione psichica nell'età scolare

Come si è avuto già modo di vedere, in ordine alle strutture variabili il Piaget usa distinguere sei stadi di sviluppo che vanno dai bisogni primari fisiologici a quelli logici. Ai sei stadi corrisponderebbero tre dimensioni diverse e progressive dell'intelligenza:

- La scoperta del mondo;
- La scoperta del sé in quanto distinto dalle cose;
- L'interazione cosciente tra il sé, gli altri e le cose.

Si passa così, sorprendentemente, dalla fase della pura interiorizzazione alla fase della interazione con il mondo oggettivo. Fino a prima di quest'ultima fase il pensiero del bambino era stato esclusivamente di tipo reattivo, vale a dire che si poneva in marcia in presenza delle cose che i suoi sensi, a mano a mano, percepivano. Ora, invece, arricchito interiormente da un cumulo di immagini, gode nell'unire le diverse rappresentazioni che vengono conservate e riprodotte continuamente dalla sua memoria e dalla sua capacità immaginativa. Scompare tra i sette e i dodici anni il linguaggio egocentrico e inizia la ricerca dei rapporti interindividuali, vale a dire oltre i confini di sé. L'assimilazione egocentrica, fondamento dell'animismo[187], del finalismo[188] e dell'artificialismo[189] delle tappe precedenti, è in procinto di trasformarsi in capacità di assimilazione razionale, cioè in strutturazione della realtà mediante la ragione. Ma l'assimilazione razionale è molto più complessa di una pura e semplice identificazione. Le intuizioni si trasformano in operazioni non appena costituiscono sistemi globali, componibili e reversibili a un tempo. In altre parole, in via generale, le azioni diventano operative quando due azioni dello stesso tipo possono venire ricomposte in una terza che appartiene ancora a quel tipo, e, quando le diverse azioni possono venire invertite o rovesciate. Questa struttura specifica all'assimilazione mentale di ordine operativo garantisce alla mente un equilibrio molto superiore a quello dell'assimilazione intuitiva o egocentrica, giacché la reversibilità, ormai acquisita, porta con sé un equilibrio permanente tra

---

[187] Concezione tipica dei popoli primitivi secondo cui ogni fenomeno o cosa dell'universo sono dotati di anima e vivono di una loro vita, spesso creduta divina e degna di culto.
[188] Dottrina secondo la quale tutti gli eventi che si verificano nell'universo sono tra loro collegati e tendono insieme verso la realizzazione di un fine ultimo.
[189] E' la tendenza del bambino ad assegnare a elementi naturali costruzione umana (così nella psicologia di Piaget).

l'assimilazione delle cose, da parte della mente, e l'adeguamento della mente alle cose. Ma sentiamo, in proposito, il Piaget:

«Ma è nell'adolescenza che si comincia a provare interesse per i problemi inattuali, senza rapporto con la realtà vissuta o che anticipano con una ingenuità disarmante situazioni future spesso chimeriche»[190].

E inoltre:

«Per ciò che riguarda le operazioni formali di questa età possiamo dire che non sono altro se non le stesse operazioni degli stadi precedenti, ma applicate a ipotesi o proposizioni: queste, poi, consistono in una logica delle proposizioni in contrapposto a quella delle relazioni, delle classi e dei numeri, ma il sistema delle implicazioni, che regolano queste proposizioni, costituisce soltanto la trasposizione astratta delle operazioni concrete»[191].

Abbiamo nell'adolescenza un egocentrismo intellettuale non diverso, per componente strutturale, dall'egocentrismo del neonato che assimila l'universo alla propria attività fisica, e a quello della prima infanzia che assimila le cose al pensiero in fie-

---

[190] **J. Piaget**, *Lo sviluppo mentale del bambino e Altri Studi di Psicologia*, Ed. Einaudi, 1970.
[191] **J. Piaget**, *Lo sviluppo mentale del bambino e Altri Studi di Psicologia*, Ed. Einaudi, 1970.

ri. Ma l'egocentrismo metafisico dell'adolescente viene, a poco a poco, corretto in una riconciliazione tra il pensiero formale e la realtà; l'equilibrio viene raggiunto quando la riflessione comprende che la propria funzione non è quella di contraddire ma quella di precedere e interpretare l'esperienza.

4) Riflessi delle ricerche psicogenetiche sui nuovi procedimenti educativi

Il procedimento educativo e formativo per qualsiasi disciplina, in considerazione di tali premesse, non può non "consistere nel dinamismo funzionale e interpersonale di motivazione e struttura e nell'interpretazione di questo soggettivo dinamismo di motivazione e struttura con l'oggettivo dinamismo delle strutture della realtà naturale e culturale"[192].

Il problema odierno della pedagogia resta quello della conoscenza. Le meraviglie della ragione non si possono ottenere con un cominciamento legato a schemi rigidi e irreversibili. L'elasticità intellettuale dell'uomo moderno deve necessariamente uscire dalla fangosa idea dell'apprendistato mentale, perché

---

[192] **J. Bruner**, *La mente a più dimensioni*, Laterza, Bari, 1988.

"l'intelligenza dispone dei suoi mezzi coscienti per poter diventare pensiero"[193].

È necessario rompere finalmente con l'immagine del bambino che struttura strutture già strutturate: "il pensiero è produttivo quando l'organizzazione percettiva ci dà l'esatta struttura conformata da cui desumere concetti"[194]. Dalla psicologia genetica, come si è potuto notare, il valore della conoscenza è inteso come fatto indiscriminatamente naturale, normale e inventivo, e tutto è contrapposto alla staticità del cosiddetto metodo legato, senza possibilità di reversioni alla preesistenza di figure, di forme e di una chiusa educazione sensoriale. La stimolazione dinamica è quella che il Piaget contrappone a ogni staticità di pensiero e la determina, appunto, come formazione delle conoscenze o psicogenesi.

Se lo scopo dell'educazione è quello di formare l'intelligenza, piuttosto che arredare la memoria, appare evidente la carenza dell'insegnamento tradizionale. L'adolescente deve tendere a raggiungere lo stato di adulto non più ricevendo belle e pronte, inscatolate, la ragione e le regole, ma conquistandole con lo sforzo e l'esperienza personali.

---

[193] **J. Piaget**, *Lo sviluppo mentale del bambino e Altri Studi di Psicologia*, Ed. Einaudi, 1970.
[194] **J. Bruner**, *La mente a più dimensioni*, Laterza, Bari, 1988.

È, infine, una nuova metodologia della mente umana che si cerca, è una nuova logica del soggetto quella di cui si ha bisogno, e in questa logica ogni frammento esterno entra come strumento e ausilio per la liberazione delle strutture psichiche. L'insegnamento diverso è quello che intuisce la presenza di soggetti diversi e ciascuno irripetibile a confronto degli altri.

Negli atti psichici dell'individuo sono compresenti tutte le caratteristiche proprie di ogni disciplina di studio, e educare vuol dire liberare dalla mente le capacità che le sono connaturate. Levy Strauss afferma che "comprendere i processi storici consiste nel dimenticarli per superarli mediante azioni concrete"[195], in realtà la storia non è legata all'uomo, né a nessun oggetto particolare. Essa consiste interamente nel suo metodo, di cui l'esperienza prova che è indispensabile, per inventariare, la integralità degli elementi di una struttura qualsiasi, umana o non umana. Non è, dunque, la ricerca della intellegibilità a sfociare nella storia come punto relativo, ma è la storia che serve da punto di partenza per ogni ricerca dell'intellegibilità. E. Faure afferma:

"«L'educazione – e anche l'educazione alla storia – deve essere globale e permanente se vuole veramente

---

[195] **C. Levy-Stauss**, *Antropologia strutturale*, Il Saggiatore, 1958.

formare l'uomo integrale il cui avvento appare necessario a mano a mano che ostacoli sempre più duri spezzano e disarticolano la condizione dell'essere individuale, vale a dire del vero soggetto della storia. Non si tratta più di acquisire, in modo puntuale, conoscenze definitive, ma di preparare a elaborare, lungo tutto il corso della vita, un sapere in costante evoluzione: e, perciò, si tratta di apprendere a essere»[196].

È la storia di ciascuno, per concludere, che è più storia di ogni storia, perché essa contribuisce anche al farsi della storia di tutti gli altri.

---

[196] **E. Faure**, *Rapporto sulle strategie dell'educazione*, Armando Editore, 1974.

AFORISMI

1. Quando un sentimento, quatto quatto, nel petto fa capolino, come un palloncino, nell'aere sospeso, il cuore, impallidito, tremula.

2. La poesia non è moda, non è stile o maniera, legati a un tempo o a uno schema: è libera evocazione dello spirito del poeta nel canto della parola.

3. Pensare quello che pensano gli altri di noi è una perdita di tempo. Importante, invece, è pensare cosa pensiamo noi di noi, interrogarci per capirci.

4. Creare il vuoto nella mente è l'inizio di ogni inizio, è il percorso "unico" per potere ritrovarsi e ricominciare. In quel "vuoto" tutto risiede: esso contiene tutto quanto bisognerebbe sapere di sé per "poter essere".

5. Raramente l'essere umano cerca nel riposo la "pausa dal mondo". Egli non predilige l'incontro con il sé ma la fuga dal sé, predilige la maschera, il mezzo dell'occultamento e dell'ambiguità.

6. Il cattivo lettore raramente è attento al testo che legge, ma al nome di chi ne è l'autore: gli dà, poi, importanza solo se quest'ultimo, l'autore, è noto.

7. Nell'uomo, che si sveglia dal sonno dell'ignoranza e accede alla vita vera, il centro motore, il centro emozionale e il centro intellettuale trovano la loro coincidenza nel centro più estremo che è l'uomo stesso.

8. Il sogno autentico è quello che non si spegne, insieme alla notte, quando il giorno sorge.

9. Quando sogno e pensiero non coincidono, sia il pensiero che il sogno vacillano.

10. E' nelle possibilità dell'uomo procedere verso l'oltre psichico sfidando i confini dell'essere: la verità è dentro l'uomo e il nemico più grande dell'uomo può essere l'uomo stesso.

11. L'anelito sia verso altre lune e altri tramonti, altre albe e altri cieli stellati, altri occhi, qualunque dovesse essere il loro colore, basterebbe che fossero gli occhi stessi dell'anima.

12. Quando lo spirito nell'anima è più leggero di quanto la materia del corpo pesi, tutto appare possibile.

13. Colui che ancora riesce a credere nel "sogno di sé" sa che deve svegliarsi. Il risveglio comporta la liberazione dalla schiavitù dei dati veicolati

dall'educazione e trasmessi come cultura, ma che precludono la via verso la conoscenza.

14. La perfezione non è legata a una visione estetica, ma a una visione etica: è saper cogliere il sublime, nel centro dell'anima delle persone, degli animali, delle cose, di tutto quanto esiste.

15. L'ascolto autentico? Saper vivere attimi di deserto a diretto contatto con l'estremo silenzio del pensiero.

16. L'ascoltare è, prima di tutto, ascoltarsi, come il vedere è vedersi: se non ti ascolti, non puoi ascoltare; se non ti vedi, non puoi vedere.

17. Nell'uomo tutto coincide in un centro che è lui stesso: sensi e pensiero coincidono, il pensiero stesso è un senso. Ciò che egli sente e prova, lo sente e lo prova in presenza di entrambe le cose. Il contrario è il non-senso.

18. Raramente l'educazione riesce a ricondurre l'uomo all'uomo, più spesso lo allontana da se stesso, dal suo centro. Si pensi al modo di agire della famiglia, della scuola, della chiesa, dei poteri della persuasione occulta: un modo inibente che abortisce alle radici la possibilità dell'accesso alla vera conoscenza.

19. Ogni "debole" si nasconde nella "folla" e lì, affidandosi al potente di turno, il demiurgo, rinasce, come per incanto, forte.

20. Quando l'altro coglie il suono che i tuoi versi emettono e lo percepisce come canto della sua stessa anima, quella è poesia.

21. Non bastano una radiosa primavera o un rosaceo tramonto, un'argentea aurora o un mare spumeggiante di onde, una luna a coronare un cielo stellato o una magica musica, una fluente chioma ramata, mossa dal vento, o il fascino ammaliante di due occhi verdi, per indurre a pensare a un sentimento.

22. In fuga dalla vita, nel sogno, ci si riduce allo stato larvale di se stessi, Sarà, poi, duro il risveglio.

23. Tutto dipende da quanta e quale consapevolezza abbia del "pensiero di sé" chi crede di potere agire, in assenza del pensiero.

24. La felicità o te la dai tu o non te la dà nessuno: essa dipende da te, solo da te, su di te devi lavorare per vederla.

25. Per sondare l'io l'unico mezzo siamo noi stessi: né altri, né le culture, né altri mezzi possono darci quello che noi solamente possiamo darci, solo a noi è dato descrivere il volto che abbiamo.

26. E' raro che uno scrittore trovi l'ispirazione in una sola storia, se non in una che possa essere comune a tante altre. E' questo che aiuta chi legge a poter ritrovare nella narrazione frammenti di se stesso, cose compatibili con la sua esperienza di vita.

27. L'istinto rimane un veicolo parziale del conoscere se non è temperato dal pensiero che raccoglie tutti i segnali motori ed emotivi periferici per rielaborarli nel suo centro intellettivo: è solo così che l'individuo può prendere visione dell'immagine completa di se stesso.

28. Negli aforismi miei scrivo, a beneficio di chi legge, quello che ragione e conoscenza mi suggeriscono debba essere, se, poi, io stesso sappia essere così non è dato saperlo.

29. I sensi danno solo indizi indiretti sul reale fisico, quest'ultimo, quindi, può essere afferrato per via speculativa tanto che le nostre concezioni del momento non possono mai essere ritenute definitive.

30. Tanti sono i modi suggeriti dalle culture per "poter essere", ma ognuno, nel modo suo, sia, sapendo di essere.

31. L'essere "sociali" non sempre implica che si sia anche "socievoli"; più spesso, invece, implica che si sia "conformi".

32. Importante è sapere con chi stai, più importante ancora è verificare come ci stai tu con chi stai, come tu ti collochi nel rapporto.

33. L'ascolto silente ti condurrà, quasi prendendoti per mano, negli angoli più occulti del tuo essere, mentre comincerai a sentire, a piccoli frammenti, il profumo lontano della tua stessa essenza.

34. Le emozioni non sono credibili, sono la risultante di fugaci impressioni trasmesse dai sensi, ma i sensi non hanno senso senza il controllo di quella centrale che tutto mette in equilibrio che è l'intelletto.

35. Dovresti essere una fabbrica di "emozione" se volessi vivere di emozioni: dovresti trovarne un'altra per ognuna che si spenga, Altrimenti… sarebbe il vuoto   angoscioso   dell'assenza.

36. Le emozioni? Sono semplici impressioni di benessere a cui manca la qualità della continuità. Esse sono, spesso se non sempre, l'anticamera di un vuoto.

37. L'emozione vera, assoluta, non fugace, permanente, quella capace di superare i limiti dei singoli stati emotivi? Emozionarsi della propria vita per il solo fatto che essa esista, ovunque essa esista, qualunque sia la condizione in cui esiste.

38. L'uomo è costituito di tempo: passato, presente e futuro. Un presente che non contenga il passato e non preveda il futuro è un tempo vuoto, è un ibrido, è un'apparenza di tempo, è un tempo senza tempo.

39. Le idee sono riferibili all'esperienza dei sensi, ma non possono essere attivate direttamente: esse non sono immagine della natura ma del pensiero-pensante.

40. Siamo finalmente insieme: io, la parola e il silenzio.

41. Si è soliti confondere tra di loro i concetti di "individuo" e di "persona", sintetizzando il tutto nel secondo. In realtà l'individuo è ciò che la persona in rari casi riuscirà a essere, essendo egli l'indivisibile, ciò che non può essere diviso da altro che da se stesso.

42. Nulla è più gradevole che l'essere rispettosi del proprio e dell'altrui silenzio.

43. Non si affidi mai a nessuno la propria vita, se prima non è stata donata a se stessi.

44. Si è sempre più soliti volgere, con artificio, in canto la poesia: essa è già di per sé canto, basta che questo lo si sappia cogliere nella sana e saggia lettura.

45. E' l'uomo che, tramite le sue azioni, manda a se stesso il meglio e il peggio: egli è il vero artefice del suo destino; egli realizza il Dio in lui, o lo abortisce, o lo ignora, o lo attribuisce ad altri esseri, ad altri luoghi, ad altri miti.

46. L'uomo? Un frammento cosmico vagante nello spazio storico alla ricerca del suo intero universale.

47. L'affermazione "Io sono colui che è" è traducibile in "Io sono colui che sa di essere" ed è riferibile a ogni uomo che coltivi la conoscenza.

48. I ricordi attraversano il tempo vestiti della sostanza stessa dell'eternità.

49. Uno dei limiti della lettura? Ognuno legge nel modo suo e nel modo suo riceve: è autore egli stesso, dunque, di quanto legge?

50. Il bello delle idee è che te le puoi costruire tu e nessuno potrà mai rubartele: sono tue, ti appartengono, sono l'estremo livello di una libertà che altrimenti non potrebbe esistere.

51. I ricordi brutti, non meno che quelli belli, sono monito e insegnamento, sono guida lungo il cammino.

52. Si ha la sensazione, a volte, di vivere tra parole vuote, tra relazioni vuote, in un tempo vuoto, alcova di spiriti vuoti: l'apologia del vuoto.

53. Se è la realtà che induce il pensiero a pensare le idee, è la parola, poi, che riconduce le idee nella realtà.

54. L'altra parte di noi, il nostro "Tu" ci rimane, spesso, se non sempre, del tutto estraneo e finiamo per vivere intere vite con un "Io" di cui nessuno di noi comprende da dove mai possa essere venuto.

55. La parola è evento dell'anima in quanto è capace di rendere visibile quanto era invisibile o nascosto.

56. La solitudine è l'inizio dell'ardimentoso cammino nella direzione di quella magica verticale che conduce a se stessi.

57. Il veicolo della parola è la poesia e sacerdote ne è il poeta.

58. Si può essere poeti solo se si ha la disposizione spontanea a lasciarsi sedurre dalla parola, che, nell'atto del versificare, perde il suo senso comune e assume un valore assoluto.

59. E' la Poesia che produce la sapienza del sé e apre le porte alla metodologia della conoscenza di Dio, degli altri e di tutto quanto esiste.

60. A ben guardare in quell'enorme vetrina che è Facebook, sembra che il mondo viva nel sogno perpetuo di una favola senza fine: il nuovo Eden...!!!

61. E' più salutare mettersi in ascolto del proprio silenzio, in solitudine, che subire quello imposto dagli altri, in compagnia: il tuo è tuo, ti appartiene, è un tuo stato, una tua scelta, è comunicante, ti parla; quello voluto dagli altri per te è una cesoia che con cinismo ti taglia alle radici il pensiero.

62. La nostra epoca pensa con le ali e vive con i sogni: dorme tanto da sognare sempre. Come Icaro è in caduta libera sulla realtà.

63. Dio? E' il massimo dell'idea di sé a cui l'uomo può accedere tramite la conoscenza.

64. Facebook sembra smentire le più accreditate statistiche: pare che quello italiano sia un popolo di grandi lettori... Di frammenti..., forse...

65. L'uomo oggi? Raramente è stato tanto debole da avere bisogno di sognare la vita affidandosi a un "presunto" forte.

66. La cosa che di più rende l'uomo servo? La cultura. La via suggerita per la sua liberazione? la "Conoscenza".

67. Se hai l'abitudine di fare il sarto o il meccanico o qualunque altra cosa, lo farai senza pensare; se hai l'abitudine di pensare, penserai senza pensare. L'abitudine è… il pensiero senza il pensiero.

68. Nessuno può considerarsi intero solo perché sommato a un altro, ma perché intero in se stesso: sottratto l'altro, si ritroverebbe mezzo o meno ancora.

69. Il non potere contenere per sempre il tutto della propria vita nella propria mente – ove i ricordi lentamente si indeboliscono, nel tempo, poi si spengono – è ciò che induce lo scrittore a fermare gli eventi nella parola.

70. Ogni giorno devi attendere quell'individuo che ancora non sei. Ogni attimo, se ti ascolti, dirà di te cose nuove.

71. La diversità…? E' un falso concetto, partorito dalle culture della conformità. Ognuno di noi è, di per sé, un diverso, dunque, siamo tutti dei diversi.

72. Per vedere bene fuori bisogna guardare bene dentro: più ci si vede più possibilità si ha di vedere, di prevedere, di prevenire.

73. Chi pensa che la saggezza sia solo un'opinione e confonde la follia con la verità ha ancora molto da conoscere.

74. Non rinunciare mai a pensare che il tuo "Io vero" possa essere quel "Tu tuo" che ancora non conosci. Non mirare alla proiezione esterna di te, ma a quella interna.

75. Nulla avviene per caso, qualunque cosa può essere illuminata dalla conoscenza e ridarle il giusto senso: anche una delusione profonda o un tradimento non previsto; una dolorosa incomprensione o un amore intenso non corrisposto; una malattia perfino.

76. E' sempre l'intelletto a intercettare e pilotare gli altri sensi, è affidato a lui il compito di mediare, nell'idea prima e nella parola poi, il pensiero con la realtà.

77. Si può essere poeti solo se si ha la disposizione spontanea a lasciarsi sedurre dalla parola, che, nell'atto del versificare, perde il suo senso comune e assume un valore assoluto.

78. Un pensiero sia sempre rivolto a chi abita i nostri ricordi e che continua a dare un indirizzo di saggezza alle nostre vite.

79. Lo stato di pace interiore non può essere addebitato a un evento o a una occasione ma a una condizione permanente dello spirito, altrimenti si finisce per dipendere sempre da qualcuno o da qualcosa.

80. Se chi ha creato fosse stato in attesa di altri che gli fossero di aiuto non avrebbe creato mai nulla.

81. Il modo migliore di vivere è raggiungere il proprio deserto, il centro e il cuore della visione di sé, il luogo da cui si vede e ci si vede.

82. Come fai ad affermare che tutto ciò che vuoi non è possibile averlo? Tu, in realtà, non sai ancora nulla di te, quello che sai è quello che credi di sapere.

83. Nessuno può dire a te stesso quello che solo tu puoi dirti. Già troppo ti è stato parlato addosso, sei pieno di parole degli altri, che, ora, fanno eco nella tua vita.

84. Vedi ma non ti vedi, quello che vedi di te è l'impressione che in te si è formata di te: se ti vedessi veramente, dovresti provare uno stato naturale di benessere, sentirti leggero più di una piuma.

85. Non basta credere di essere diversi e rimanere nel numero dei più: la diversità vera è convinzione di sé, è irrinunciabile distinzione, è forza ed energia crea-

trice; la diversità vera non ha paura e lotta, non si arrende e persevera.

86. Il pensiero pensato, che non dà luogo a cambiamento, è un pensiero ibrido e inoperoso.

87. Coloro che dormono, e non compiono alcun tentativo di svegliarsi, non sono utili al mondo perché non sono utili neppure a se stessi: essi ignorano perfino di essere vivi.

88. Quello che il poeta scrive è sempre il frutto del tempo negatogli per la parola orale da chi non ha orecchi per ascoltare: miracolo della solitudine.

89. La solitudine sana è quella che consente all'io di incontrare il proprio tu, e di stabilire con quel tu un dialogo profondo di conoscenza.

90. Liberare la parola dai significati convenzionali ha lo stesso senso che liberare l'anima.

91. D'accordo che il pensiero poetico lo si attende e ci vuole pazienza, tuttavia bisogna che gli si faccia compagnia anche nei momenti di attesa sollecitandolo.

92. Se certi amplessi della vita non esistessero, impazziresti: essi rappresentano un necessario ricambio di energia, un respiro che ti riporta a te nel luogo in cui ti senti veramente libero.

93. Ogni scrittore, ogni poeta, ogni pittore o scultore, ogni artista, in quanto cultore della propria anima, è terapeuta di se stesso.

94. La memoria sa di noi più cose di quello che sembrerebbe, ma va sollecitata, interrogata tramite il gioco delle associazioni: un pensiero che guida a un altro pensiero; un ricordo che guida a un altro ricordo.

95. Non sono gli altri a renderci liberi o schiavi: ogni volta che ci sentiamo nell'uno o nell'altro modo vuol dire che è una condizione che noi stessi, inconsciamente, abbiamo creato per noi stessi.

96. La percezione della pazzia propria è la normalità di chi ha l'avvertenza dell'essere "vivo" in quel centro di sé dove la propria diversità si genera e diventa identità.

97. Non obbligatoriamente si deve indossare delle maschere se si accetta la sfida dell'essere unici.

98. Nell'io risiede il sublime in potenza che pochi hanno la capacità di riconoscere perché pochi sono quelli che si conoscono.

99. Lucciole erranti siamo, destinate a spegnersi in un soffio improvviso di vento.

100. Orgasmo dell'universo siamo, frammenti di materia vaganti nella notte interminabile del tempo.

101. *«Un profeta non è disprezzato che nella sua patria, tra i suoi parenti e in casa sua».* Lo affermò Gesù, secondo Marco, e... prima di altri geni del pensiero. Non può essere che vero.

102. La donna? E', come la terra, il grembo che prima ti partorisce e poi ti riaccoglie.

103. A proposito della relatività del tempo: un tempo, il tempo scorreva in più tempo; oggi lo stesso tempo, governato da eventi dal ritmo" vertiginoso", ci ruba, insieme al tempo, il pensiero e la vita.

104. Sarà pure dimenticanza senile la mia, ma non ricordo di avere sentito, in passato, di tanti "sognatori" come oggi: il mondo sembra essersi messo in volo a bordo delle stesse, instabili, ali di Icaro.

105. Un mio pensiero ispirato dagli spavaldi naviganti della notte, premonitrice di sogni: "Ma... di giorno che fanno...? Probabilmente dormono... o, forse, credono di essere svegli...!!!

106. E' molto probabile che si sia più veri quando si è pazzi, quando non si segue ma si sfida la corrente: nella pazzia si annida quel germe della verità che si chiama "identità negata".

107. Il sogno autentico non è una comoda fuga dalle responsabilità, ma la faticosa proiezione verso una speranza.

108. Bisognerebbe imparare a usare il silenzio, come parola, spesso, soprattutto nei momenti posti a prologo e a epilogo della vita: la nascita e la morte.

109. I miei compagni ed amici? I miei pensieri, il mio pensiero: presenti sempre, unici e fedeli, costanti e inseparabili.

110. Facebook? E' il luogo in cui tutto si ripete: ciò che era stato già detto viene ridetto, tutto viene trito e ritrito, intanto nulla cambia.

111. Quale destino per l'uomo? Quello di essere la parte spenta di un universo eternamente vivo.

112. Quale il destino del corpo? L'inavvertenza dello spirito, esule, ormai, dalla vita.

113. Il soffio degli anni spegnerà il nostro tempo su quella grande torta che è la nostra vita.

114. Evanescenti come ombre siamo, come nubi dai volti cangianti.

115. La mente di ciascuno ha bisogno che venga convinta che essa c'è, che essa è unica rispetto al-tre menti, ma che si può confrontare con altre menti

alla pari, purché le altre siano menti e non cloni di altre menti.

116. Invece di convertire i vip alla vita semplice, ne imitiamo i logori modelli: stiamo diventando dei vip noi stessi.

117. Abbiamo allargato troppo il mondo e ne abbiamo complicato i meccanismi relazionali. Bisognerebbe tornare al modello di vita delle comunità autosufficienti: semplicità e sostanza, tolleranza e solidarietà.

118. Le parole sono la fotografia dei pensieri: esse hanno il potere di dare il corpo ai sentimenti e alle emozioni rendendoli visibili.

119. Non farti preoccupazione di come gli altri sono, ma di come tu sei; gli altri saranno come essi stessi vogliono che sia.

120. Avere la cultura non è tutto, non è il compimento del sapere. La cultura è, invece, uno dei numerosi e complessi "passaggi strumentali" verso la "conoscenza".

121. Chi ama l'arte del denigrare, teme l'arte contrapposta dell'essere denigrato. Perciò, quando egli è nella sua veste di "giullare denigratore", altro non è che un cinico parassita.

122. La solitudine ha vari modi di mostrare il suo volto: uno è quello della solitudine condizionata, che coincide con la schiavitù dell'isolamento; l'altro è quello della solitudine voluta, che coincide con la scelta della libertà.

123. Non sono mai io la causa della mia noia, essa mi viene trasferita addosso dall'altrui innaturale silenzio, dal generico chiacchiericcio, dalla folla che nulla sa e nulla dice: sacrosanta e loquace, invece, è la mia solitudine.

124. Esistono forme e forme dell'emarginazione, solo una è quella non emarginante: autoemarginare se stessi non sempre comporta un'emarginazione degli altri da sé. Si pensi alle forme più alte dell'ascetismo: per l'asceta il mondo rimane nel centro dei suoi pensieri.

125. In un tempo in cui tutto di ognuno è clonabile, rintracciabile o identificabile (cellulari, spie e microspie, mappe satellitari, ecc.) sempre di più si dovrebbe avvertire il bisogno di sostare in un punto singolo e solitario, silenzioso, desertico, identico solo a se stesso, un punto che sia l'Io. Sempre che l'io sia in grado di riconoscersi in quanto Io.

126. La bellezza? Non ti è lontana, non è fuori ma dentro. E' là che la puoi trovare. Cercala..., dunque.

127. L'ossessione più evidente dell'uomo d'oggi...? Il cellulare in tutte le sue forme, formule e sofisticazioni. Senza, l'uomo stesso, al cospetto del suo stesso scheletro, si smarrirebbe in una selva oscura.

128. Il discorso? Il discorso si è drammaticamente perso fra twitt, post e criptici messaggi al cellulare. La parola, al pari dell'uomo – sempre più svilito e smontato – è diventata frammento di se stessa.

129. Le impressioni sono pure contaminazioni della conoscenza, sono fatte di frazioni infinitesimali di tempo, sono volatili più degli uccelli, che, veloci più del vento, fendono l'aria e ne feriscono il petto.

130. Domani non è mai un altro giorno, è, invece, sempre il giorno preparato il giorno prima, il giorno prima, e il giorno prima ancora: la nostra vita non dipende dalle occasioni quotidiane (altrimenti saremmo eternamente dipendenti da tutto, mai liberi), ma dal nostro indirizzo di vita.

131. Un antidoto efficace per la solitudine? La "solitudine".

132. Nessuno mai è maestro di un altro se non di se stesso. Il buon maestro di un alunno o di una classe è colui che dimentica di esserlo e si vede come uno qualunque degli altri che ha di fronte.

133. Per conoscere il male non è necessario farlo, averne cioè l'esperienza, come alcuni affermano, basta, invece, imparare a riconoscerne la natura.

134. Più profondo diventa il cammino verso se stessi meno si soffre della pochezza umana che si ha intorno. La conoscenza e la stima di sé aiutano a non sentirsi soli mai e a ignorare, per quanto merita, l'altrui indifferenza.

135. La "vera essenza" dell'individuo è intera solo nel primo vagito del bambino, poi l'educazione familiare e scolastica, l'educazione religiosa (che non sono mai un e-ducere ma un in-ducere) la storia e le culture impediscono che la stessa possa trovare compimento nel seguito delle età evolutive e nell'uomo adulto.

136. Non si è ancora stufi delle culture già confezionate, dei linguaggi e delle parole omologate, dei significati dozzinali lontani dal significato sostanziale? Esiste la possibilità di costruire una cultura e un linguaggio che possano essere definiti propri, che possano dare luce al senso proprio delle proprie parole? E' bene sognare il giorno in cui questo per ciascuno possa accadere: sarebbe il giorno della liberazione dai vincoli e dalle catene del *"cosiddetto sapere"*.

137. Chi vive nella contemplazione non può che accedere alla verità.

138. Distogli lo sguardo da fuori, guardati dentro, là, come in uno specchio, puoi vedere chi sei tu veramente, chi veramente sono gli altri.

139. La solitudine è l'essere senza se stessi, è l'essere privi di se stessi, è il non sapere chi si è.

140. Leggere nei sogni degli altri è un po' come vedersi proiettati nei propri sogni.

141. Nella tua solitudine, se guardi bene, ci sei tu, annidato con il tuo essere intero. Non fingere di non vederlo, abbine cura invece.

142. Un modo per vivere con saggezza? Vedere sempre tridimensionalmente il proprio tempo: come se presente, passato e futuro fossero un unico, inscindibile, tempo.

143. Il compito dell'educazione è quello di aiutare l'individuo a scoprire se stesso e a formarsi come persona libera dai vincoli delle culture precotte e dei persuasori occulti. Sia, dunque, la scuola la bottega artigianale del proprio farsi.

144. L'uomo deve perdere ancora molto di ciò che è diventato per capire cosa di se stesso non ha mai a trovato.

145, La vita non è bella o brutta, giusta o ingiusta, come hanno voluto che credessimo, non è in questo esemplificativo schema del quale ci hanno reso prigionieri: la vita è, invece, in tutto ciò che di noi non ci hanno mai detto, in tutto ciò che di noi non sappiamo e, forse, non sapremo mai.

146. La cultura occidentale, soprattutto quella attuale, è fondata sulla paura dello straniero: dello straniero esterno a noi; dello straniero interno a noi. Siamo, dunque, stranieri perfino a noi stessi.

147. I poeti e gli scrittori, i pittori e gli scultori, i musicisti, non consentono al pensiero di attraversare solamente la loro mente; essi lo fermano, e, poi, lo trasformano in parole, in immagini, in note.

148. Il modo migliore per vivere bene? Trasformare in energia attiva, positiva e propositiva anche le proprie tragedie, soprattutto quelle.

149. Vuoi avere preveggenza del tuo futuro? Guarda bene nel tuo passato ma non dipenderne supinamente come fosse da un fato, inverti, invece, la tua rotta nel tuo presente, rinnova, dunque, la tua vita e rendila finalmente tua.

150. Vuoi imparare a conoscere gli altri? Svestiti prima di te stesso. Vuoi imparare a conoscere te stesso? Svestiti prima degli altri.

151. Il principio della Comunione? Scoprire la diversità di se stessi, la particola che si ha e che si è: il principio della comunione è la comunione con se stessi.

152. La vita non è che un film del quale, supini spettatori, si diventa solo a volte protagonisti.

153. Chi si lascia rapire dal bello muore nel ventre di ciò che è bello per essere rigenerato poi nuovo da quello stesso ventre.

154. Doppio è il modo del poter vedere di un poeta: egli si vede ma vede anche. La poesia, dunque, non è evocatrice solo di chi scrive – come spesso si è portati a credere – ma anche di chi legge.

155. Il treno a volte lo si vede apparire all'orizzonte con gioia, altre volte con tristezza, il tutto dipende dal lato verso il quale volge il muso la locomotiva.

156. Trattiamo le parole come trattiamo noi stessi: ne vediamo l'involucro, ce ne rimane sconosciuto il cuore.

157. Perché i poeti e gli scrittori scrivono? Forse perché è difficile trovare, nel contempo, chi li ascolti.

158. Siamo la risultante di un sapere intermediato, giochiamo a dire di noi stessi attraverso altri che

hanno detto di se stessi: miti, testi sacri, poeti, scrittori, saggisti, filosofi, registi, musicisti, e chi più ne ha più ne metta. È come guardarsi allo specchio e vedere di se stessi solamente l'involucro.

159. E se, un bel giorno, ti imbarchi su un fatiscente gommone, in viaggio solitario nel mare procelloso "dell'altra conoscenza", con prua verso la quarta via, rischi di venire considerato alla stregua di un profugo o di un barbone da chi si ciba di cultura "collettiva".

160. In un'epoca in cui l'estetica è diventata puro "formalismo", cura dell'involucro, si provi a guardare oltre, verso l'anima, nulla può farle da pari: la sua è una quieta invisibile presenza, parla nel silenzio, di silenzio e con il silenzio.

161. Se dobbiamo analizzare noi stessi finiamo per vederci attraverso gli altri; se dobbiamo analizzare gli altri finiamo per vederli attraverso noi stessi. Nell'uno o nell'altro caso orbo è il nostro vedere perché falsa è la prospettiva.

162. Spesso, se non sempre, il critico, o l'occasionale visitatore, che giudica un'opera d'arte (letteraria, pittorica, architettonica, musicale) finisce per comporne un'altra, opacizzando o, addirittura, oscurando il senso stesso dell'originale.

163. Una volta, anche per copiare bisognava fare una gran fatica, si faceva tutto a mano, si aveva contatto con ogni singola parola, la si accarezzava quasi, ci voleva tempo, un tempo di assimilazione, e, in qualche modo, la mente si alimentava; oggi bastano due click, uno per copia e l'altro per incolla, una infinitesima frazione di secondo, e nella mente rimane molto poco, spesso niente o semplicemente un click.

164. Nella relazione dell'uomo con l'Ente-Supremo, spesso, viene a mancare la relazione dell'uomo con se stesso, riducendo il rapporto con l'Ente-Supremo a pura forma o, se si preferisce, a puro culto esteriore, come dire che nella visione di Dio viene a mancare la visione di sé.

165. È la materia il vero pensiero dell'universo, alla materia l'uomo lega la genesi della sapienza di sé e il suo ultimo destino, la sua eternità.

166. Meglio cimentarsi in qualcosa che sia frutto del proprio pensiero: si godrebbe della sensazione di essere autori di se stessi; ci si sentirebbe meno condizionati, meno clonati o clonabili, più liberi da precotte culture e presunto sapere.

167. Nella definizione dei diritti civili, si abbia occhio attento per i "diritti naturali" di ciascuno individuo: il riconoscimento dell'identità di genere, anche di quella soggettivamente percepita; il colore della

pelle, il cibo, la casa, il lavoro, la libertà di essere tale e quale si è.

168. Si suole dire: "L'inerte materia". Essa, invece, è l'intelligenza suprema, quella prima della quale, e dopo la quale, nulla è. L'uomo stesso è una delle sue mille variabili.

169. Nulla altro puoi essere se non "Sei": appariresti improprio qualunque cosa fossi.

170. Quello che si vorrebbe comunicare a voce a una *"umanità disattenta"* lo si affidi a *"pagine attente"*. Sarà, poi, il tempo, con il suo insindacabile giudizio, a direzionare il destino dell'una come dell'altra cosa.

171. La vera bellezza è la "saggezza", figlia prediletta della "conoscenza.

172. Togliere la polvere a "certi oggetti", una foto ad esempio, è un po' come rubarne il fiato del tempo.

173. Basterebbe anche un solo attimo di consapevolezza, nei giorni ignavi della propria vita, per accedere al luogo dell'eterna conoscenza.

174. Il poeta è colui che vede vive le cose, vede l'anima del tutto che gli è intorno, se ne mette in ascolto, ne coglie i profondi respiri e li traduce in parole.

175. La poesia è la fabbrica della "Parola autentica", della Parola còlta nella sua stessa radice; il poeta ne è l'imprenditore.

176. La vera, grande, unica, sovrana dell'universo è la "Parola". Solo a lei è concesso di sventrare e svelare, la "maschera delle parole": anemiche, vuote, troppe, tante, infide.

177. Dio? È in ciò che di meglio l'uomo e la storia, nella loro perenne evoluzione, riescono a cogliere e, poi, a raccogliere dello spirito di se stessi.

178. Chi sono Io? Se te lo chiedi stai iniziando il tuo cammino verso la conoscenza: è in te il "principio" di cui vale la pena prendere coscienza. Il resto è "nozione" o è "formale sapere".

179. Cosa accade quando ti aspetti qualcosa da qualcuno che poi la cosa non fa? Vivila così la situazione: una ghiotta occasione per imparare a fare da solo.

180. La vera irreligiosità non risiede nel "non credere" in un Dio o in fenomenologie di carattere religioso ed esoterico, ma nella rinuncia al cammino che ogni uomo potrebbe compiere verso la conoscenza di sé: l'uomo che non si conosce è slegato da se stesso, vale a dire "re-ligatus non est".

181. Se non sai chi sei tu, non provare mai a dire chi sono io o chi sono gli altri o chi è Dio, neppure delle

cose che hai intorno sei abilitato a poter dire alcuna cosa: il tutto altro non sarebbe che un falso riflesso di te stesso.

182. Se l'artista non vede l'anima sua in tutta la sua trasparenza, la bellezza che produce è meccanica clonazione di altri io suoi che governano e sgovernano il suo spirito: l'arte sua è semplice visione soggettiva dell'essere del bello, è manchevole dell' afflato oggettivo che la renderebbe sublime.

183. Ci sono tante parole che sono evocatrici di "silenzio profondo", come ci sono tanti silenzi che sono evocatori di "assordanti rumori": il tutto, allora, dipende dalla "qualità della parola" come dalla "qualità del silenzio".

184. La noia non è mai causa di se stessa: essa è veicolata dall'altrui silenzio, dal generico chiacchiericcio, dalla folla che nulla sa e nulla dice. Coinvolgente e loquace, invece, è la propria solitudine.

185. Per poter capire l'essere di un altro, bisogna, a sua volta, essere: tra un "chi è" e un "chi non è" la distanza è abissale.

186. La solitudine sorge quando la "compagnia" che hai intorno ti fa mancare il respiro di te stesso.

187. Il mare profondo della conoscenza e della sapienza è il più grande e il più bello dei mari, ma va raggiunto, svelato e, poi, rivelato. Quel mare profondo, più profondo dell'universo stellare, è il luogo del

battesimo, della rinascita, ma pochissimi lo sanno, cercano altrove, per questo non trovano mai nulla o trovano il contrario di quello che cercano.

188. Se hai l'aspirazione a sapere "chi sei tu e a essere come sei, capirai e comprenderai che l'altro abbia l'aspirazione a sapere "chi è lui" e a essere quale è.

189. Quando lo spirito nell'anima è più leggero di quanto la materia del corpo pesi, tutto appare possibile.

190. Solo dopo esserti detto chi sei tu, potrai provare a capire chi sono io, chi sono gli altri.

191. Vi lascio liberi, se mi lasciate libero: la mia libertà è anche la vostra libertà.

192. Il giorno in cui avrai imparato a parlare di te non attraverso gli altri, avrai anche imparato a capire chi sei.

193. Se si pensasse a cercare di se stessi quello che di se stessi manca, invece di confrontarsi con quello che gli altri hanno, ciascuno relazionerebbe meglio con se stesso, con gli altri e con tutto quanto intorno è.

194. Chiunque dell'opera di un altro, di un qualunque tipo di opera, affermi che quell'opera non gli piace, dovrebbe prima chiedere a se stesso se egli ne

sarebbe stato capace e se fosse in possesso dei prere-
quisiti necessari per potere giudicare.

195. La propria "solitudine" non bisognerebbe mai
nasconderla, sarebbe opportuno, invece, mostrarla
con grande orgoglio agli altri, potrebbe essere per loro l'indicazione di un grande sentiero di vita: essa è
generatrice di magnetica fascinazione.

196. Se non sei un personaggio televisivo (un politico, un giornalista, un opinionista, un conduttore, un
attore, un cantante, uno sportivo) sei destinato a essere ignorato dai grandi editori anche se tu scrivessi
oro colato: per il mercato non è importante ciò che
crei ma quanto sono noti il tuo nome e, soprattutto, il
tuo volto.

197. Non c'è stato momento della vita che il mio
pensiero non abbia pensato, ogni pensiero è stato
sempre la visione di un sogno realizzato. In cima a
ognuno di quei pensieri? Il sogno più ardimentoso,
quello più estremo, la sfida alla difficoltà di essere: la
visione di me.

198. Coloro che non si lamentano mai dei disservizi
pubblici relativi alla nettezza urbana sono gli stessi
che lo sporco lo tolgono dalle loro case e lo trasferi-
scono davanti alle case degli altri.

199. Chi misura sugli altri e sulle cose il destino proprio è orbo di se stesso.

200. E, quando il tempo avrà esaurito se stesso, si ritornerà a essere soffio di vento fra le stelle.

201. Se ci fosse tanta conoscenza nelle persone per quanta cultura hanno, o presumono di avere, l'uomo e il mondo sarebbero già l'eternità di loro stessi.

202. Si cerca se stessi nei modi più impensati, nei posti più impensati, meno che in se stessi, ove ciascuno di noi risiede.

203. Chi snobba sempre ciò che provi a dire e che non dice mai niente di sé merita solo il tuo silenzio. Intanto, tu ascoltati.

204. Se stella vedi davanti ai tuoi occhi, sia quella immaginata dalla tua anima e dipinta con le tue stesse mani.

205. Fino ai sei anni sei stato plasmato dalla famiglia, fino ai diciotto dalla scuola e dalla Chiesa, per il seguito dai modelli di comportamento sociale dominanti. Verrà il momento in cui imparerai a conoscerti da solo e a prendere in mano le redini della tua vita?

206. Non credere al primo, o alla prima che incontri, non credere in nessuna cosa, se non hai incontrato prima te stesso.

207. Non puoi vedere la bellezza in nessuno, o in nessun'altra cosa, se la stessa non ha residenza in te stesso.

208. Lo scrittore autentico, non meno del poeta autentico, mentre scrive, si legge più che leggere.

209. Tenti di parlare agli "altri" ma non hanno tempo o voglia di ascolto; scrivi quello che avresti voluto dire, ma non leggono. Intanto, non tutti i mali vengono per nuocere, hai parlato a te stesso.

210. Sono molti a credere che l'inizio di un tuo discorso sia anche la sua conclusione: concluderanno, dunque, che un asino ha imparato a volare, mentre volevi intendere che il sole nell'universo si sta per oscurare sulla vita.

211. Quelli che, a volte, ti snobbano nell'ascolto sono coloro ai quali dedichi di più il tuo ascolto.

212. I cosiddetti "simpatici" o "socievoli", che si divertono a elaborare ciniche battute sugli altri, ferendone, spesso, lo spirito, sono gli stessi che diventano "ferini" quando ne diventano i destinatari.

213. Ci hanno insegnato tante cose e a credere in tante cose (soggetti, oggetti, concetti, divinità polimorfe, antropomorfe, amorfe), hanno evitato ad arte di insegnarci noi stessi e a credere in noi stessi: molti sono

coloro che sanno tutto, raro è trovare chi sa chi è "lui".

214. A proposito dell'uso e dell' abuso dell'inglese nella politica nazionale, sarebbe il caso di dire: "Ci avete tolto la lira, non ci togliete anche la lingua".

215. Tra un viaggio nel web e uno sguardo al cellulare sempre più labili si fanno i confini tra informazione e sapere, tra cultura e conoscenza: sempre più virtuale la vita, sempre più lontano il luogo della saggezza.

216. Tutti credono di sapere, pochissimi sono quelli che sanno perché "si sanno", perché hanno la "coscienza", vale a dire la "scienza di sé".

217. Il sapere vero, vale a dire la conoscenza, non è mai un "oltre" ma un "prima e qui", non arriva da fuori ma da dentro.

218. La velocità, se non è unita alla qualità del moto, è staticità.

219. Alla deriva nel mare tempestoso della vita, ci portiamo dietro, spesso, corpi senza anima.

220. Non so quanto si possa parlare ancora di normalità in questo mondo "normale".

221. Se ciascuno, a cominciare da chi scrive, impararasse a giudicare più le manchevolezze proprie che quelle altrui, più gli errori del presente che del passato, l'uomo, il mondo e il cosmo avrebbero tanta vita in più.

222. Una volta la mafia reclutava la politica mettendola al suo servizio; oggi la politica recluta la mafia e la mette al suo servizio. Quale fra le due è più mafia?

223. Fai in modo che non resti di te il ricordo di un corpo che muore, ma di un'anima che vive.

224. Siano le tue parole trasparenti per te stesso, se vuoi che lo siano per gli altri.

227. Si abbia un occhio sempre rivolto alla propria diversità, la si alimenti con cura, la si comunichi, poi, per quale è: essa è "unicità".

228. Gli errori di "forma" sono molto meno importanti di quanto importante è ciò che si veicola nella "comunicazione": l'errore non può uccidere né redimere, il messaggio lo può fare.

229. Il revisionismo liberistico dei nostri giorni, lo chiamano centralismo democratico – mostruoso miscuglio di destra, sinistra e centro – in realtà dittatura della grande finanza, sta rimettendo nelle tasche dei

ricchi i beni conquistati dai poveri con epiche lotte sociali.

230. Sono le paure di noi che ci fanno avere paura degli altri, vale a dire che nulla avviene fuori di noi, tutto avviene dentro.

231. Quando capii che vivere con gli altri significava "*dover vivere secondo loro*", io mi ricavai un piccolo spazio, e cominciai a "*vivere secondo me*", ma… pensando a loro.

232. Gli spettri? Nulla hanno a che fare con i morti, essi sono, invece, la concezione visionaria della vita che hanno i vivi, sono la radiografia di se stessi.

233. I cosiddetti matti, quasi sempre innocui, comunque innocenti, reclusi nelle cosiddette case di cura, una volta dette manicomio; i criminali, gli assassini, gli stupratori, i collusi, gli evasori incalliti, i politici corrotti, fuori per immunità parlamentare, per amnistia, per condono e sconto di pena dovuto a rito abbreviato e presunta buona condotta. Mi chiedo: «Quali sono i veri matti?».

234. Siamo davvero veri nella comunicazione virtuale? Lo siamo nel modo in cui virtuali lo siamo già con noi stessi, vale a dire ignari di noi stessi.

235. Si chiede ai musulmani di pregare e predicare in italiano nelle nostre moschee, ma le messe, fino a epoca recente, si celebravano in latino, la politica, intanto, si esprime sempre di più in inglese. E, riferito, soprattutto, a quest'ultima: "Per farsi capire di meno?".

236. A ognuno di noi è stato affidato un pezzetto finito di "tempo fisico" perché il nostro "tempo psichico" potesse trovare il suo infinito compimento.

237. Quando l'uomo non sa più come giustificare l'insensatezza delle sue azioni, compreso lo sventramento dell'ambiente naturale, affida le sue "irresponsabilità" a una religione, a un Dio o a più divinità.

238. L'altrui libertà vale quanto la mia, ma, se sono incompatibili, meglio farle esplodere di vita nelle rispettive solitudini.

239. Saggio è lasciarsi liberi di parlare, quando il cuore e la mente lo dicono, ma è anche saggio lasciarsi reciprocamente liberi di interpretare.

240. Io sia, ma gli altri siano come è nel loro stesso volere che sia.

241. Nel corso di una conversazione, il silenzio non "dice", "nasconde".

242. C'era più "conoscenza" quando c'era meno "cultura": c'era più semplicità; c'era più identità individuale, familiare e del villaggio; c'era meno velocità; c'era più tempo; c'erano più equilibrio e sintonia con il creato, c'era più armonia tra uomo e natura.

243. La scuola, invece che sterile strumento clonante dati informativi, sia laboratorio del "*nuovo*", sia guida, silenziosa e discreta, verso la ricerca dell'essenza di ciascun individuo, sia essa meno misurativa di quanto si sa e più di quanto si è.

244. Tanto è il tempo che dedichiamo per la conoscenza di date ed eventi, di santi ed eroi, di poeti, scrittori e filosofi, di dio e divinità varie, che alla fine scopriamo di non sapere nulla di noi stessi.

245. Se non c'è eleganza non c'è bellezza, ma l'eleganza non è nell'abito, è nello spirito.

246. E' la terra-madre che ci presta, un giorno, al grembo di un'altra madre; premurosa, ci riaccoglie un altro giorno, nel suo primitivo grembo.

247. Non c'è ignorante peggiore di colui che pensa di avere acquisito la "conoscenza" perché possiede la "cultura". Se fosse come lui crede, il mondo oggi sarebbe un paradiso in Terra.

248. A Gesù non sarebbe certo piaciuto sapere di essere diventato segno di divisione, per essere stato "ricrocifisso" in una "icona" attaccata alle pareti; gli sarebbe piaciuto, invece, che la stessa "icona" fosse stata impressa in modo indelebile nei cuori di ogni persona.

249. In un'epoca in cui pensiamo di potere trovare, con un solo click, tutto, non riusciamo a trovare noi stessi.

250. Nulla è più concreto dei ricordi, essi sono l'eternità della vita: navigano il tempo e continuano a raccontare di se stessi.

251. Gli emigranti? Li si definisce extracomunitari quasi fossero extraterrestri, disturbatori, invasori!! Eppure, per secoli, i popoli cosiddetti civili, li hanno colonizzati, resi schiavi, venduti sui mercati, decimati, defraudati delle loro risorse, delle loro culture, delle loro tradizioni, delle loro speranze nella vita. E… ancora lo fanno, mascherati da eroi di "guerre umanitarie.

252. In assenza della "parola" il mondo e l'uomo sarebbero privi della memoria: vagherebbero indistinti e smarriti, inconsapevoli di se stessi, ignari del loro tempo.

253. Il sistema programmatico della scuola italiana? Tutto rievocativo e poco, o per nulla, creativo. Il modello di scuola autentica? La bottega artigianale.

254. Che strani gli italiani! Si lamentano tanto del mancato rispetto da parte degli immigrati delle loro sacre tradizioni, e non si accorgono che essi stessi stanno perdendo il contatto con le radici della loro stessa lingua, sempre più contaminata di inglese.

255. I docenti e i genitori, i sacerdoti e gli educatori, non si diano come compito quello di "in-segnare", si diano, invece, il compito di "organizzare" i processi di auto-apprendimento e di crescita dei soggetti loro affidati.

256. La più grande compagna dei miei giorni? La bicicletta, amica fedele, armonicamente silenziosa, accogliente, paziente.

257. La solitudine vera non è uno stato fisico, è uno stato mentale, è la riconciliazione con se stessi e con il tutto. Per raggiungere tale stato necessita tanto e tanto lavoro.

258. Per poter vivere tutti, con-dividere tra tutti: meno lavoro per ciascuno, più lavoro per tutti; meno consumi di ciascuno, più consumo di tutti; meno mercato di ciascuno, più mercato di tutti; meno benessere di ciascuno, più benessere di tutti.

259. Troppi sono i politici parlanti, pochi quelli pensanti e agenti.

260. Il migliore modo per parlare a tutti? Parlare a ciascuno.

261. Il silenzio non è un valore assoluto se non si intende quale è la parte sana del silenzio: il tacere per nascondere non è "il silenzio", è assordante rumore.

262. Un pregiudizio culturale all'italiana? La frase snobistica, ancora oggi recitata con aristocratica enfasi: "Ai tempi del liceo…!". Mai sentito dire: "Ai tempi della ragioneria…, etc.!".

263. Raramente la valutazione scolastica premia le competenze manuali, quasi sempre, invece, quelle nozionistiche scambiate per "conoscenza assoluta".

264. Nella scuola il riposo non sia mai un abbandono supino, una rinuncia al tempo di crescere, ma una variabile creativa rispetto alle comuni attività: sia esso un fiato di libertà, un respiro profondo, un abbraccio a se stessi.

265. Se la solitudine, invece che in ripiegamento, si traduce in pensiero, si trasforma nel libro della scienza e della coscienza di sé, si sublima nel desiderio profondo di essersi compagno per sempre.

266. Non basta sapere quanto di Dio c'è in te. Chiediti, allora, per sapere veramente chi sei: «Quanto di me c'è nel Dio in cui credo?».

267. Se credi di sapere chi è Dio, ma non sai chi sei tu, non è vera fede la tua.

268. E' fallace il detto "Se non sai non sei"; veritiero, invece, quello che afferma "Se non sei non sai".

269. La TV sembra essere diventata la succursale della Caritas: una solerte ancella del mercato dell'industria della "cosiddetta, o presunta, solidarietà sociale".

270. Una volta i due che si parlavano si guardavano negli occhi, oggi mentre uno dei due parla l'altro è perso nel cellulare, si suole dire che navighi.

271. Se nulla da fuori ti viene, riempi il vuoto di te stesso.

272. Sarà una foto, dunque, il mezzo per cui il tempo, l'Ente supremo, conserverà un ricordo di te.

273. La sapienza umana, sia pure riposta in pochi, è molto più potente della insensatezza umana, riposta in molti.

274. Non sprecarla la tua vita, cogline il respiro profondo prima di sciogliere le vele del destino che le appartiene.

275. Esiste ancora, oggi, la possibilità per potere "essere diversi" in un sistema socio-politico, economico e culturale bloccato, sempre simile a se stesso in qualunque sua variabile? Sì, standone fuori.

276. A chi non dice…, non dire.

277. A volte onestà e ingenuità camminano insieme? No, l'onestà vera è più forte di ogni ingenuità, è più forte di ogni cosa, l'onestà è "la più ampia delle visioni": l'onestà coincide sia con la sapienza che con la saggezza, certo non con l'ingenuità.

278. C'è una enorme diversità tra la democrazia diretta reale e quella virtuale. In quella virtuale gli interlocutori hanno davanti uno schermo, l'uno non vede gli occhi dell'altro, e gli occhi, spesso, comunicano più delle parole.

279. Vivere in solitudine per propria scelta è dignitoso, sentirsi soli tra gli altri, invece, dignitoso non è.

280. Non fate l'errore di non chiedere ai vecchi quello che, oggi, vi potrebbero ancora dire. Domani non lo potranno più fare.

281. Internet? Un contenitore vuoto che in tutti produce la sensazione di un apprendimento veloce, quindi l'illusione di "sapere", ma, i più, nulla, o poco, sanno, e quello che sanno è un sapere volatile. Il sapere è, prima di tutto, sapersi; è elaborazione lenta e faticosa della propria "irripetibile" identità.

282. L'esercizio della sessualità è come quello del pittore di fronte alla tela bianca: se il pennello non produce pensiero neppure la colora.

283. Gli Smartphone e i Social Network sono la vera bomba nucleare del nostro Tempo, sono la vita ridottasi a "vita virtuale": l'implosione dello spirito prima, poi l'esplosione di tutto.

284. Il più grande *"filosofo"* di ogni tempo? Gesù di Nazareth: Egli ha unito il cielo alla terra e viceversa, ponendo nell'uomo consapevole la loro estrema sintesi.

285. Nell'epoca in cui dominante è il modello di *"vita virtuale"*, l'uomo esiste non perché "egli *sia*", ma perché *"egli dipenda"*, perché, a ritmi da record, attaccato alla catena di montaggio dei social network, *"egli macini e rimacini copia/incolla"*, perché "egli *consumi informazioni"*, perché, consumando-consumando, lentamente, inesorabilmente, *"egli si consumi"*, tanto da diventare egli stesso un oggetto da copia/incolla, ridotto qual è *"allo stato larvale"* di se stesso.

286. La bellezza si presenta vestita di tanti modi diversi, più di mille sono i suoi volti: risiede in questo il suo misterioso fascino, la sua irraggiungibilità. Solo chi sa ben distinguere coglie, accoglie e, infine, raccoglie.

INDICE

Lulu Editrice
luglio 2017